セクハラ・サバイバル

わたしは一人じゃなかった

佐藤 かおり

三一書房

カバー・扉イラスト　巳年キリン

はじめに

15年前、私はセクハラにあいました。派遣社員だった私は、当初、派遣先の上司から受けた執拗なセクハラを何とかうまくかわそうとしました。生活していくために、仕事を辞めることはできなかったからです。しかし、上司のセクハラは嫌がらせの度合いを増すようになり、パワハラも加わって次第に追い詰められていきました。やっとの思いで相談した派遣先や派遣会社の人たちからは相手にもされませんでした。ついには心身に不調をきたし、死すら思うようになったとき、仕事を辞めるという選択しかありませんでした。

けれども、ひとつの出会いが私の人生を大きく変えました。それは支援者との出会いです。暴力の被害を受けた女性の支援にずっと取り組んでこられた人たちにめぐりあったとき、初めてセクハラについて「理解してもらえた」と思いました。そこから、回復への道を歩むことができたのです。

いま、この瞬間も、かつての私のようにつらい毎日を生き延びている被害者がいます。彼女たちに、「あなたはひとりじゃない」「支援者につながろう」と伝えるために本書を書きました。そして、社会に、被害者の身近にいる人たち、同僚や友人や家族に向けて、セクハラがどれほ

ど深刻なダメージを与えるかを知ってもらいたいと思って書きました。

もうひとつ、本書で伝えたいことは、職場のセクハラは労働災害（労災）だということです。仕事が原因でケガや病気をしたとき労災保険で療養補償（医療費）や休業補償が受けられることはご存じでしょう。しかし、セクハラによるメンタル不調が労災補償の対象となることを知っている人は、少ないのではないでしょうか。

セクハラ被害者の中には、精神的後遺症に苦しみ、休職や退職に追い込まれるケースがじつに多く、結果として生活に困窮し、生存権さえ奪われることになりかねないのが実態です。実際、私も会社を辞めれば回復すると思っていましたが、心身にさまざまな症状が表れ、再就職どころか生活にすら支障をきたすようになりました。ところが、労災補償を受けるには、非常に高い壁があったのです。

思えば、函館労働基準監督署に一歩足を踏み入れたあの日、その後10年近くにわたるセクハラ労災の「壁」を崩す闘いが始まりました。

労災申請も、その後の審査請求、再審査請求もことごとく棄却され、国を相手に、日本で初めての行政訴訟を起こしました。２０１０年、国は労災と認めますが、その後さらに、休業補償の期間をめぐって行政訴訟で争いました。これらの裁判は、「労災認定基準」をセクハラ被害者の実態に即したものへと変える取り組み、つまり、「セクハラは単なる人間関係のトラブ

ルであり、大したことではない」「セクハラ被害者にも原因があるのではないか」といった、セクハラに対する無理解、偏見を正していく闘いでもありました。

30～40代のほとんどを、セクハラ被害の実態を伝えること、偏見をなくすこと、被害者へのサポートに取り組んで暮らしてきました。その間、そばにはいつも支援者たちの存在がありました。また、多くのセクハラ被害者とも出会いました。こうした出会いと支え合い、そして闘いがあったので、私は、回復し、再生への道を歩んでこられたと思います。

第1章では、やりがいを感じて仕事をしていた日々から一転、セクハラの被害にあい、当たり前の日常が奪われていく苦悩の日々をたどります。第2章は、人生の転機となるウイメンズ・ネット函館との出合いなどを、第3章は、労災認定を求めて闘う日々を、第4章では、被害当事者や全国の女性たちの声を受け、国がセクハラ労災認定基準の見直しを行う様子に触れます。第5章では、退職後も続く精神的後遺症のある期間の補償を求めて行う行政訴訟などを、第6章では、セクハラと闘うパープル・ユニオンの立ち上げや、当事者たちの事例を紹介しながら、今後の課題などについて語ります。巻末には、セクハラや性暴力被害の相談先を掲載しました。

本書は、セクハラを受け、仕事も生活も打ちくだかれ、心身ともに追い詰められた一人の女性の闘いの記録であり、再生の物語です。

もくじ

第5章　闘いは続く——精神的後遺症のある期間の補償を求めて

第6章　痛みをちからへ

セクハラについての基礎知識

第1章

それは忘年会の二次会の席で始まった

子ども時代

31歳のとき、勤め先の職場で受けたセクハラ。退職にまで追い詰められたのちも悪化の一途をたどる精神的後遺症。セクハラで私の人生は大きくねじ曲げられます。

しかし、真っ暗闇の日々にあっても、そばには常に支えてくれる女性たちがいました。

同時に、加害者はもちろん、会社側や行政、司法と闘うとき、心の奥にはいつも、子どものときから理不尽なことに「なぜ?」と疑問を感じずにいられなかった私がいました。

中学でぶつかった理不尽な壁

私が産声を上げたのは1967年11月、北海道の北端、稚内です。自然に恵まれた環境でのびのび育ち、小学校4年のとき函館に移ります。函館で中学、高校と過ごすのですが、中学校にあがるやいなや出合ったのが校則という壁でした。中学生になって手にした生徒手帳に、ソックスは白色とある。「これってどういうこと?」と衝撃を受けたのを今でも鮮明に覚えています。家庭科は女子、技術科は男子と分けられていました。どちらかというと、金槌を持って何かつくったりするのが好きだったので、男女で分けられることに違和感を覚え、それまで自由にのびのび育っていたぶん、窮屈な中学生活に閉塞感を持つようになりました。

中学2年のときです。試験の点数が低い人から立たせていくという教師がいて、一人ひとり、「おまえは○○高校は難しい」「この点数なら△△高校へ行ける」などと言っていく。自身、点数が悪かったこともあり、こんなふうに決めつけられるのは嫌だという思いから、私ひとり立たなかったところ、「なぜ佐藤は立たない！」と教師が怒りだし、居残りを命じられました。次の授業が始まっても、謝るまで帰さない。さすがに、そのときは担任がとりなしてくれました。

ほかの授業でも、ぼろぼろの靴を履いている子に、「靴も買えないくらい貧乏なのか」などという教師がいたのです。そういう言葉に耐えられない私は、「先生、それはおかしいんじゃないですか！」と反論。すると、職員室に呼ばれ、「私にあんまり刃向かっていると、いいことないよ」と恫喝されました。

ボーヴォワール『第二の性』との出合い

そんなとき、もやもやした思いを抱えた私の、「何かヘン」という言葉を耳にした友人が、「この本、読んでみたら」と、ボーヴォワールの『第二の性』を差し出しました。冒頭の「人は女に生まれない。女になるのだ」（生島遼一訳）という言葉を目にしたとたん、「ああ、そうなんだ」と深くうなずいたことをよく覚えています。私の、「なぜ？」という疑問に答えてくれる大人が身近にいなかったこともあり、この本で目の前がパッと開けていったように思えました。

友人は私同様、世の中への疑問を抱えている人で、常に違和感のあった中学校生活をなんとか過ごすことができたのも、彼女の存在が大きかったと思います。

「女の子らしく」と育てられる

わが家は、父と母、兄の４人家族。男の子の兄は大学まで行くのが当然という育てられ方だったのに対し、女の子の私は勉強はそんなにできなくてもいいというような価値観で育てられました。

家の中だけでなく、子ども同士の遊びでも男女の役割分担に疑問を感じていました。「ゴレンジャー」遊びをするとき、私もヒーローのアカレンジャーをしたいのに、おまえは女の子だからモモレンジャーだと言われる。小学２、３、４年と成長するにつれ、男の子と一緒に遊んでいても、「女の子なんだから」と制約を受けることが増えていきました。

小学3年のとき、自転車をこいでいたら転んで、顔に擦り傷をつくってしまったことがあります。すると、母が飛んできて、開口一番、「お父さんに叱られる。顔に傷をつけてしまって」と言うのです。最初に口をついて出た言葉が、「大丈夫？」ではない。女の子の顔に傷をつけて跡が残ったらどうしようと、そのことを心配している。あのときの母親の言葉は今でも心に残っています。

女子高生、女子大生の中にいても胸中は欝々

高校は女子高、その後の短大も女子短大でした。高校はミッション系で周囲は女子ばかり。中学のように男子と比べられることもないので、女のくせにと言われることから解放されるかと思いきや、皆、社会的なしばりの中で生きている。女子高生は、キャピキャピしてかわいい、というような与えられたイメージを演じている感じでした。それでも、文化祭の委員になって学校側と交渉し、来校した男子と一緒にフォークダンスをするのを認めさせたりしたので、周囲からは活発とみられていましたが、自分の中ではこれでいいのかと、すごく悩んで悶々としていた時期でした。

家の門限も厳しく、高校生なのに夕方6時か7時。男の子とつき合うなんてとんで

もない、という厳しい家庭でした。門限より少しでも遅くなると心配して、兄がバイクで探し回るという具合。正直、息苦しかったです。

ですから、滝川にある短大に進んだときは、親元を離れることができ、ある種の自由があり、多少なりとも解放感を味わえました。ただ、当時はバブル真っ盛りのころで、今度はワンレン・ボディコンの派手な「ザ・おんな」を皆演じていました。私はというと、高校のときのように表面的には明るく活発にしていても、周りの雰囲気に乗れるようで乗れないという状況。小さなころから持っていた、さまざまなことへの「なぜ？」に答えが見いだせないまま、そのストレスが澱《おり》のように心に溜まっていく、胸中、鬱々《うつうつ》としていた高校・短大時代でした。

働き始めたころ

函館に戻り司会業に就く

短大卒業を控えて、いざ社会人というとき体調を崩します。札幌での就職を希望していたのですが、心配した親から函館に帰ってこいと言われ、しかたなく戻りました。

函館では、しばらく病院で看護助手の仕事をしたあと、25歳のころから司会業を始めます。テレビ局のアナウンサーが指導する講座に1年ほど通い、その後事務所に所属し、派遣されて結婚式や各種イベントなどの司会をするようになりました。司会業だけでは食べていけないので、病院の検査助手や役所の臨時職員などの仕事も並行して行いながら、週末にイベントなどの司会、という働き方でした。徐々に司会の仕事も増え、将来は司会の仕事一本でやっていきたいと思っていた矢先、父が亡くなります。

２０００年、私は33歳になっていました。

父の死で家計を支える立場に

父は、自分の兄弟の進学の面倒をみるなど、いわゆる家父長制の家長の役割を担ってきた人でした。父には、男とはこうあるべきという姿があって、〝頼りがいのある男〟でいることを背負わされ生き続けた人でした。

一度、私の進学をめぐって父とぶつかったことがありました。「（大学は）４年制に行きたい、奨学金をもらってアルバイトしてでも行きたい。それでもだめなの？」と問う私に、「女が学問を身につけてどうするんだ！」と怒鳴る父。浪人して４年制大学へ進学した兄のことが頭にあった私は、彼には未来があるのに、どうして私はだめなの！　ということを突きつけたつもりでした。父にしてみれば、それは自分が描く女性像と違う、と言いたかったのでしょう。確かに、父なりに私を愛してくれていたのですが、親の言うなりの生き方では、息苦しくて死んでしまうと思っていました。

それでも、父が亡くなる少し前のころには、司会業が徐々に軌道に乗ってきて、確定申告のことや仕事のことをいろいろ相談できるような関係になっていきました。周囲から「この前の祭りで、娘さん、司会やってたね」と言われ、まんざらでもないような父の顔を今でもふと思い出すことがあります。

上司からのセクハラが始まる

大手通信会社のオペレーターとして

父の死後、私が家計を支えることになりました。母は膠原病《こうげんびょう》という難病を抱えており、兄はすでに家族を持ち他県に住んでいました。そこで、２００1年1月、安定した収入を得るため、大手通信会社の派遣社員として、コールセンターのオペレーターの仕事に就いたのです。

働きだしたころは、オペレーターのほとんどが女性で、そのうち8割が正社員、２

割が派遣社員でした。しかし、その後、正社員と派遣社員の割合は逆転していきます。

当初はスキルのある社員にいろいろていねいに教えてもらえ、助かりました。そのうち、土日もコールセンターの業務を行うようになるのですが、私は休日は司会の仕事を入れており、派遣と司会の両方の収入で家計が回っているような状態だったので困ってしまいました。しかし、そのことを課長代理の女性社員に相談すると理解してくれ、周囲がサポートしてくれるという恵まれた環境で働いていました。

ところが、その後、頼りにしていた社員たちは早期退職や転勤で減っていく一方、気がつけば派遣社員がどんどん増えてきました。それで、新人に仕事を教えるということで、2003年6月、私ともうひとり同期の派遣社員の川田さん（仮名）が研修のインストラクターを兼務することになったのです。それまで経験のある正社員が行っていたインストラクターの職を、経験2年足らずの私たちに務まるのか不安はあったのですが、派遣会社の支店長から「業務命令だから断ることはできない」と言われ、引き受けることになりました。

待遇改善を求めると、「一人前になってから言え！」

ところが、ふたを開けてみると、派遣先会社で繁忙期に雇用する臨時職員の研修も担うことになります。繁忙期に向けて1月から研修が始まり、2月、3月、4月ごろが実践になるため、その間、次々とくる臨時職員に2週間みっちり研修を行い、その期間以外はコールセンターで通常業務をしていました。しかし、インストラクター兼務になって業務量は増えたものの、そのぶんの手当がつくわけでもなく、研修で指導に入っている間は、コールセンターで商品等の受注業務ができないため、インセンティブ（報奨金）がつかなくなるのです。研修で受注業務に就けないことが重なれば、顧客は離れていってしまいます。

ところが、インストラクター兼務になっても、派遣会社からは一向に処遇に関する説明がありません。そこで、契約内容とインストラクター手当について問い合わせたのですが、なぜか回答してきたのは、派遣先会社の研修担当の田村氏（仮名）でした。田村氏こそ、のちに私にセクハラ行為を繰り返した男性社員なのですが、待遇等の問い合わせに対し、「インストラクターとして一人前になってから金のことを言え」と威圧的な態度で凄み、センター長も「金のことを言う女は嫌いだ」と言い放ったのです。

しばらくして、派遣会社の支店長から、手当が出ない代わりに残業代で調整するよう指示されますが、納得できるような回答は何ひとつ得られませんでした。しかし、家計を支えている私は、派遣契約を打ち切られて仕事を失うことをおそれて、それ以上は何も言うことができませんでした。

飲み会で受けたセクハラ

インストラクター業務に就いてから半年後、年末を迎え職場の忘年会が行われました。そして忘れもしない二次会で、ボックス席に座っていた私は、同期の川田さん、田村氏と同席になります。

田村氏は上司にあたりますから違和感なく座っていたのですが、川田さんが席を立って二人きりになったとき、突然、

「おまえのことがどうしても気になるんだ」

と言うのです。さらに、

「今は、これ以上、言葉にできない」と。

田村氏に対しては、以前から気性が激しく近寄りづらい印象を持っていたので、仕事でも一定の距離を保つよう意識して関わっていました。

田村氏からの告白とも受け取れる言葉に驚きながらも、そのときはとにかくかわさなくてはと思い、「また、そんなこと言っちゃって」とか、「なんですか、なんですか」

と茶化して、お酒の席の戯言《ざれごと》と聞き流していました。そのくせ、同僚の川田さんが席に戻ってきたら、シラッとしてまったく違う話をする。とにかくこういうことはもう言わないでくれ、と心の中で願っていました。田村氏に対し、もともと気分屋で難しい人というイメージがありましたが、仕事に関する知識は豊富で、これからいろいろと学んでいこうとしていたところだったので、へんに目をつけられたら大変という思いでいっぱいでした。

執拗に続くセクハラ

翌年に入ると、田村氏からの接触は増えていきました。繁忙期に備えて臨時職員も増員し、その人たちへの研修が始まります。私たちインストラクターの仕事も忙しくなるにつれ、当然ながら上司の田村氏と一緒にいる時間も長くなっていきます。

山ほどある研修資料のテキストに目を通し、どうしたらうまく伝えられるか、次の日の準備をしたり、家に持ち帰って仕事をすることもありましたが、社外秘の資料を扱うときは持ち帰れないので、8時、9時まで残って仕事をすることもありました。また、家にパソコンのない研修生が練習させてほしいと残ることもあり、その人たちが帰ってから翌日の準備をするので、帰りが遅くなることもありました。

すると、田村氏が、
「おまえたちもストレスが溜まっているだろ。飲みにつれていってやる」
と、私と同僚の川田さんを誘います。彼独特の飲みニケーションというのでしょうか、食事や飲み会の席でも仕事の話をするタイプでしたから、むしろ誘われること自体、ストレスでした。そのうえ、同僚の川田さんと一緒に行っても、彼女が席を外したときにすかさず、
「今度は二人きりで飲みにいきたいんだよ」
と迫ってくることもあるのでなおさらです。

セクハラについての
基礎知識❶

職場における
セクシュアルハラスメントとは（1）

職場において、労働者の意に反する性的な言動が行われ、①それを拒否したことで解雇、降格、減給などの不利益を受けること（「対価型セクハラ」）、②職場の環境が不快なものとなったため、労働者が就業するうえで見過ごすことができない程度の支障が生じること（「環境型セクハラ」）をいいます。

「職場」とは、会社内に限らず出張先や取引先の事務所、顧客の自宅、取材先、業務で使用する車中、時間外の宴会（業務の延長と考えられるもの）も含まれます。

セクハラは、男性も女性も、加害者にも被害者にもなり得る問題です。同性に対するものもこれに該当します。「行為者」には、事業主、上司、同僚だけでなく取引先、顧客、患者等がなる場合もあります。また、性的指向（*1）や性自認（*2）に関する偏見に基づく言動もセクハラに該当します。

男女雇用機会均等法では、事業主にセクハラ対策を講じることが義務づけられています。①事業主の方針の明確化と周知・啓発、②相談に応じ、適切に対応するために必要な体制の整備、③セクハラ相談があったとき、迅速で適切な対応を行うこと。

（*1）人の恋愛・性愛がいずれの性別を対象とするか
（*2）性別に関する自己意識
参考：厚生労働省リーフレット「悩んでいませんか？　職場でのセクシュアルハラスメント」
https://www.mhlw.go.jp/content/11900000/000333507.pdf

3人での食事の帰りにタクシーに乗るとき、

「川田、おまえは前に乗れ」

と言って、後ろの席に私と座り、手を握ったり、手にキスされ、「やめてください」

と言えないほど、体も心も凍りついてしまうようなこともありました。

仕事中も迫ってくるように

日常的にも、私が休憩していると、

「疲れているんだろ」

などと話しかけてきて、

「二人で食事に行こう」

「温泉に行こう」

などと誘ってきます。研修をする部屋の隣に控えのような小部屋があって、そこでいつも田村氏が仕事をしているのですが、その部屋を通らないと研修室から廊下に出られないようになっていました。彼の部屋が通り道になっているわけです。そのため、私が通ると、背中を向けている田村氏が、

「今日はどうだ?」

と声をかけてくる。彼の誘いに応えないでいると、

「どうしても俺のことが嫌いなのか」

と、仕事中にも迫ってくるようになりました。

執拗な誘いにホトホト困りはて、同僚の川田さんに相談しました。2月に入ったころでしょうか、ちょうど職場から出て駐車場に着いたとき携帯が鳴りました。見ると田村氏から「愛している」というメール。そばにいた川田さんに見せると、

「わーっ！　気持ち悪い！」

私も、携帯に残しておくのも嫌だったので、即、メールを消しました。仕事上、すぐに連絡が取れるよう、川田さんと私の携帯番号は教えてありましたが、そんな言葉がショートメールで届くとは思ってもいませんでした。

翌日、田村氏は不機嫌でした。メールに返事をしなかったからでしょう。私はどんな顔をして会えばいいんだろうという思いでいっぱい。そのうち、田村氏は、

「おまえは何でも川田に話すのか」

「おまえは川田と一緒でないと、何もできないんだな」

などと言い始めます。自分のやっていることを川田さんに知られているのではと疑っていたのでしょう。また、私が田村氏の誘いに対して、

「川田さんと一緒でないと」

「皆と行ったら楽しいだろうな」

などの言葉でかわしていたからだと思います。しかし、それがかえって、プライドの高い田村氏には逆効果だったようで、避ければ避けるほど彼の言動はエスカレートしていきます。

このような状況は、私にとって苦痛以外のなにものでもなかったのですが、ある女性社員から、

「佐藤さん、いいよね。営業成績が落ちても女を売れるもんね」

と言われたときは、大きなショックを受けました。はたからみると、私は田村氏に気に入られ、仲良くしているように見えたのでしょう。このとき、「女でなければよかったのに」とつくづく思いました。

逃れることに必死で自分を責めるようになる

当初は、できれば誰にも知られることなく、田村氏からの執拗な誘いを冗談でかわし、うまく逃れることができれば、と考えていました。相談した川田さんから、「それって、セクハラよ」という言葉を耳にしたときも、「セクシュアルハラスメント」と

いう言葉は知っていたものの、自分自身がその被害の渦中にあることをわかっていませんでした。田村氏を避けることに必死で、「笑顔であいさつしたから誘われたのかもしれない」「自分に隙があったから目をつけられたのかもしれない」と、自分自身に非があると思い込み、自分を責めるようになっていました。

一方、田村氏からのメールは、その後もたびたび送られてきて、セクハ

セクハラについての
基礎知識❷

職場における セクシュアルハラスメントとは（2）

公務職場でのセクハラ防止を定めた人事院規則10-10（指針）では、セクハラになり得る言動として次のような事例をあげています。

■性的な内容の発言

- スリーサイズを聞くなど身体的特徴を話題にすること。
- 性的な経験や性生活について質問すること。
- 性的な噂を立てたり、性的なからかいの対象とすること。
- 「男のくせに根性がない」「女には仕事を任せられない」等の発言。
- 「男の子、女の子」「おじさん、おばさん」などと人格を認めないような呼び方をすること。
- 性的指向や性自認をからかいやいじめの対象とすること。

■性的な行動

- ヌードポスター等を職場に貼ること。
- 身体を執拗に眺め回すこと。
- 食事やデートにしつこく誘うこと。
- 性的な内容の電話をかけたり、Eメール等を送ること。
- 身体に不必要に接触すること。
- 女性であるというだけでお茶くみ、掃除、私用等を強要すること。

「意に反する言動」とは、相手の「望まない」言動で、「不快な」ものを言います。行為者に対して拒絶の意思表示をしなかった場合でも、「望まない」言動であればセクハラに該当します。力関係で優位にある者からの性的な言動で、受けた側が不快・苦痛に感じ職場環境などが悪化すれば、それはセクハラです。セクハラは人間の尊厳を傷つける人権侵害行為です。

ラ行為もさらにエスカレートしていきました。会社の飲み会では、あからさまに肩を抱き寄せ、周囲から死角になるテーブルの下で手を握ってくるようなことも。同時に、誘いに応じなければ、無視をするなどの嫌がらせも始まりました。パワハラです。男性社員と談笑していただけで、

「俺のほかに相談できるヤツを見つけたんだろう」

と言いがかりをつけ、仕事の相談もできない状態になっていきました。無視して答えてくれないので、必要なことは同僚の川田さんを通して確認するようになっていったのです。

しかし、どんなに避けようとしても、逃げることはできませんでした。私は、次第に、「次に言い寄られたら、何と言って断ろう」「笑顔を見せなかったから機嫌が悪いんだ」などという思いにとらわれていき、田村氏の目を気にしたり、様子をうかがうことが増えていきました。そして、毅然と断ることができない自分を情けないと感じるようになっていました。

派遣社員という弱い立場ですから、上司の機嫌をそこねて、次は契約を切られることになったらどうしようという思いもありました。田村氏は、派遣社員の人事権を握っていました。たびたび「○○の態度はなんだ！　あいつの次の契約更新はない」と

か、「おまえの代わりはいくらでもいる」などと田村氏が言っているのを聞いていた私は、大きな不安を植えつけられていました。自分ひとりならまだしも、養わなければならない家族がいるわけですから、ここはなんとか踏ん張らなくては、という思いを強く持っていました。

心身に変調をきたす

体調が悪化し心療内科を受診

２００４年の2月か3月ごろから不眠症状が出始めました。寝つきが悪く、夜中の3時か4時にやっと寝て朝6時に起きるという生活を続けていました。4月に入ったころから、不眠に加え、集中力が散漫になって仕事上の些細なミスが増えるなど、心身に変調をきたしてきます。突然、涙があふれ止まらなくなることもありました。

やがて、確認癖の症状も出始めます。ヘアアイロンのスイッチを切ったのに何度も確認する。また気になって確認。一度気になりだすと、そのことが頭から離れない。家を出たあと、ストーブを消し忘れたかもしれないという思いにとらわれ、わざわざ自宅に電話をして母親に確認してもらったこともありました。消えているかどうか気になってしまい、通勤途中、自宅へ引き返すこともありました。そのうち、自分で確認するのは3回までとルールを決めました。でないと、そこから離れられない。たとえば、ストーブを消したというのはわかっている。ストーブの矢印も「消す」のほうになっている。でも、そこから離れられず、じっと見ているのです。ほかの人が、大丈夫と言ってくれれば安心するのですが、自分ひとりのときは、どこかで限度を決めないとずっと確認しているというような状態でした。

「私、変だよね」と同僚の川田さんに相談すると、彼女も私の様子がおかしいと気づいていたらしく、「心療内科に行ったほうがいいよ」とすすめられました。病院では、「強迫性神経障害」「適応障害」「抑うつ状態」と診断され、治療が始まりました。

主治医にセクハラのことは話せなかった

主治医には、仕事が多忙とは伝えましたが、セクハラ被害を打ち明けることはできませんでした。医師が男性ということもありましたが、セクハラやパワハラのことを話しても、「大したことじゃない」と言われそうで、不眠や確認癖のことを伝えるだけで精一杯でした。

現在、私はＤＶにあった女性の支援を行っていますが、被害者からの相談を聴いていると、自分が受けてきたセクハラやパワハラと構造は同じなんだと改めて感じます。「自分が悪い」「自分に非がある」と思い込まされる。あのころの私は、はっきり拒否できない自分が弱いと思っているので、「もっと強くなれ」「頑張れ、佐藤」と自分に言い続けていました。

受診したときも、相手が悪いと思っていれば、「こんなことをされました。それがストレスになったんです！」と言えたのでしょうが、当時の私は自分を責める気持ちが勝ってしまい、セクハラについては話せませんでした。

ますます多忙になる業務

インストラクターの業務はますます忙しくなっていきました。当初は派遣社員の新人研修ということで引き受けたインストラクターの仕事でしたが、繁忙期に派遣先会社で雇っていた臨時職員のうち派遣社員として引き続き働きたい人に対する研修も加わり、さらには繁忙期の業務サポート、新しい

セクハラについての基礎知識❸　性暴力神話

セクハラは、性暴力（43頁参照）です。誤った認識に基づく「性暴力神話」は被害者を傷つけます。以下にあげた認識はすべて、間違いです。

神話①　女性が挑発する（隙がある）から被害を受ける
神話②　暗い夜道など危険の多いところに行くから被害を受ける
神話③　性犯罪は抑え切れない性衝動に駆られて起こされる
神話④　性犯罪の加害者は特殊な人たちである
神話⑤　女性には「レイプ願望」がある
神話⑥　本当に嫌なら最後まで抵抗するはずだ
神話⑦　女性はレイプされたと嘘をつく

システム導入時の現場研修など、業務は増えていく一方でした。

派遣会社の支店長から、残業が多すぎると労働基準監督署（以下、労基署）から注意されるので控えるようにと言われましたが、私たちインストラクターが勝手に仕事を増やしているわけではありません。支店長に、どこまでが契約の範囲の業務なのか明確にしてほしいと相談したのですが、

「業務については、派遣先に任せている」

と答えるだけでした。このことを知った田村氏は、

「仕事の相談は、俺にしろ！」

と怒りだす始末。派遣会社に業務に関する問い合わせをすることさえ許されない状態でした。田村氏のセクハラは、自分の思いどおりにならない私への怒りをバネに、仕事上での嫌がらせ、パワハラへとエスカレートしていきます。

セクハラにパワハラが重なって

つらい状況にあっても、私自身は新人研修のインストラクター業務にやりがいを感じていました。そんなとき、研修インストラクターの基本的知識を習得する外部研修があると聞き、派遣会社の承諾を得て参加の申し込みを出します。しかし、「（外部研

修を受けても）意味がない」と田村氏からの反対で、申し込みは取り消されてしまいました。すると今度は、田村氏のほうから外部研修をもう一度派遣会社に希望してはどうかと言われます。けげんに思いながらも派遣会社に相談したところ、予算の関係で許可できないと連絡が入ります。

その直後、私は田村氏に呼び出されました。

「研修ダメだったんだな。こちらで外部研修を受けさせることにしたけど、おまえは行けない」

私が外部研修を希望していたことを知っていて、最初は参加しても意味がないと申し込みを取り消しておきながら、今度は派遣先の会社として外部研修を受けさせるが私は参加させない、というあからさまなパワハラでした。コロコロ変わる田村氏の言動、気分に業務が振り回されることに、心身ともに疲弊していきました。

日常の業務でも、パワハラが続きました。露骨に、「自分は評価する立場だ」という態度をとるのです。周知事項が私だけに知らされなかったり、研修の講師を務めているときなど、田村氏がじっとにらみつけるといった嫌がらせも見られました。さすがに、田村氏の目に余る行為に、同僚の川田さんが抗議してくれましたが、当時の田村氏に対し、ほかに注意してくれるような人はいませんでした。

川田さんは、外部研修の件で私が外されたときも、

「なぜ、佐藤を外すんですか？　このままだと、彼女はインストラクターを辞めてしまいますよ！」

と、田村氏に言ってくれました。しかし、休憩室に私を呼び出した田村氏の口からは、

「おまえがインストラクターを降りたとしても、同じだけの仕事をさせるからな」

という言葉が。疲れ果てていた私は、ただ一言、

「話は終わりましたか」

とだけ言い、休憩室を出るのが精一杯でした。すると、厚い扉の向こうから、テーブルを叩いているのか、椅子を倒しているのか、「ドン！」「バン！」というすごい音が聞こえてきました。

しかし、今までのような恐怖心すら持てない私がいました。怖いという感情さえわかないようになっていたのです。

インストラクター業務から降りる

２００５年９月、派遣会社に、体調不良を理由に約２週間の休みを申し出ました。

その際も、田村氏のセクハラのことは言えず、とにかく仕事が忙しく、休暇中に、仕事を辞めるかインストラクターを降りるか考えたいと伝えました。担当者は、「簡単に仕事を辞めるなんて考えるな」と言い、2週間休みたいという私の希望を受け入れてくれたところをみると、業務の多忙さは理解してくれていたのだと思います。

休んでいる間、職場の仲間からの体調を気遣うメールに励まされました。皆は、インストラクターの業務が大変なんだと思っていたようで、「また、一緒に働けるよね」といったメールに元気づけられました。仲間のいるところに戻って皆と一緒に働きたい、田村氏との接点がない職場なら、仕事を続けることができるかもしれないと考えるようになっていったのです。やはり、仕事を辞めるという判断は、容易なことではありません。生活のために、田村氏からのセクハラにも耐えてきましたが、退職しても今のように精神的に不安定な状態では再就職も難しいのではないかという不安もありました。

理解されない周囲の対応で二次被害

派遣会社にセクハラ被害を伝えるも対応策なし

休暇が明けるとさっそく、派遣会社にインストラクターを降りたいと申し出ました。その際、初めて田村氏のセクハラについて話しました。インストラクターを辞める理由をきちんと伝えたつもりでしたし、支店長に対し、今後、同じことが繰り返されないようにしてほしいと要望もしました。しかし、話を聞いた支店長からは、そうだったのか、大変だったねというような言葉は一言も聞かれませんでした。

インストラクターを降りることでしかセクハラから逃れることはできないと思うまでに追い詰められての申し出でしたが、支店長から返ってきた言葉は、

「わかりました。でも、派遣のリーダーだけは続けてよ」

とあっさりとしたものでした。

支店長は派遣先の大手通信会社からの天下りで、田村氏とは周知の間柄。結局、私の要望に対し、派遣会社は具体的な対応策を何も講じてはくれませんでした。

のちに行う団体交渉で支店長は、「お酒の席では肩を抱き寄せるようなことはあった」と発言しています。支店長にとって、そういう行為は普通に行われていることで、

セクハラとは認識していなかったのでしょう。派遣先・派遣元という利害関係だけでなく、セクハラに対する周囲の無理解が田村氏の行為そのものを過小評価し、解決への道をふさいでしまったのです。

職場を変えても執拗に繰り返されるセクハラ

インストラクターを辞めれば、田村氏から解放されると思っていたのもつかの間、休暇明けでコールセンターに戻った私に、またもセクハラ攻撃が待っていました。研修室とフロアは違っていても、今度は、執拗に内線電話をかけてくるようになったのです。

電話に田村氏の内線番号が表示されたらできるだけ電話に出ないようにしていたのですが、あまり無視していると、

「俺のことがそんなに嫌いか」

「好きか嫌いか、はっきり言ってくれ」

と問い詰めてくる。お客様との対応を終え、ふと顔を上げると、パーテーション越しに田村氏が立って私をじっと見ていることもありました。

インストラクターのときは、田村氏のハラスメントに同僚が気づいて助け舟を出し

てくれたこともあったのですが、内線電話は誰にも気づかれることなく接触できます。インストラクターを降りることで田村氏から解放されるどころか、その姿は見えなくても、いつもそばにいるような恐怖を感じました。

休暇を取り、いったん回復したかと思えた体調も、悪化の一途をたどります。田村氏の声や特徴のある足音を聞くだけで、頭が真っ白になり、手に汗をかき、仕事が手につかない状態になりました。早退や仕事を休むことが増えていき、出勤しようと家を出ても勤務先のビルを目にするだけで車から降りることができなくなり、そのまま病院に向かうこともありました。心も体も、どんどん追い詰められていったのです。

加害者の上司に相談するが理解されず

派遣会社に田村氏のセクハラを伝えたものの何の対応もとってくれないこともあり、職場では私が突然インストラクターを辞めたことに疑問を感じた人もいたようです。ところが、フロアの課長から、

「佐藤は、外部研修に行けなかったからインストラクターを降りたって田村氏から聞いたぞ」

と言われ、驚きました。事実をねじ曲げ、まるで私がへそを曲げてインストラクタ

ーを辞めたような田村氏の物言いはとうてい許すことのできるものではありませんでした。そのうえ、フロアが変わったあとも、執拗にセクハラは続いているのです。

たまりかねた私は、田村氏の上司の中村さん（仮名）に相談しました。彼は、職場の仲間数名で食事に行くときのメンバーに入っていることもある人で、相談に乗ってくれるはずと期待していました。話すうちに涙が止まらなくなった私を見て、その日の夜、同僚の川田さんと3人で食事をしながら話を聞こうということになりました。食事の席で、これまでの出来事を話し、川田さんもとんでもない話だと言ってくれて、中村さんは真剣に聞いてくれていたので、セクハラ被害をある程度は理解してくれたと思っていました。ただ、具体的な対策についての話はなく、「そうだったんだ、大変だったな」という受け止め方でした。

さらに、しばらくして中村さんが異動することになり、送別会の席で、

「田村を呼んでいいか？」

と私に尋ねるのです。

「田村は、おまえのことをなんとも思っていない。今までのようにうまくやってほしい。佐藤がいいと言ってくれたら、田村をここに呼びたい。彼は会社で、俺からの連絡を待っているんだ」

周囲は、私が田村氏からセクハラ被害を受けていたことを知らないわけですから、けげんな様子です。私は、

「中村さんの送別会なんだから、呼べばいいじゃないですか」

と言い、その場の雰囲気を壊さないため田村氏の同席を受け入れましたが、目を合わせることも会話をすることもできませんでした。

二次会で行ったカラオケボックスでは、階段まで追いかけてきた田村氏から、

「俺と話すことがそんなに嫌なのか！」

と迫られ、つかまえられた腕を振りほどいて逃げました。

何より、理解してくれたと思っていた上司の中村さんが、田村氏からのセクハラやパワハラを単なる仲たがいとしか受け止めていなかったことが

セクハラについての基礎知識④ 二次被害につながりやすい言葉

二次被害とは、被害者が加害者以外の人からの言動などによってさらに被害を受けることを言います（100頁コラム参照）。相談された人が何気なく言った言葉によって起こる可能性もあります。

被害を矮小化する	「気にしすぎ」「忘れたほうがいいよ」 「それくらい大したことじゃないでしょう」
被害者の自責の念を誘発する	「どうしてその場で嫌だって言わなかったの？」 「どうしてもっと早く相談しなかったの？」
被害者に努力を求める	「なんとかうまくやっていけないの？」 「大人なんだから我慢してほしい」
行為者を擁護する	「あの人がそんなことするなんて思えない」 「あの人がそんなことをするからには何か理由があるんじゃない？」

参考：髙山直子「パワハラの相談を受けるとき」『女も男も』120号（労働教育センター）

つらかったです。

信頼していた労組員も加害者を擁護

同じころ、派遣先の労働組合にも相談しました。窓口になってくれた西野さん（仮名）は、「派遣社員も正社員と同じだと考えている。何か困ったことがあったらいつでも言ってくれ」と私たちにも気さくに声をかけてくれる人で、田村氏に対してもきちんと注意してくれるのではないかと思っていました。派遣会社の支店長に話してもダメだったし、中村さんもやさしいけれど田村氏にきちんと話ができるような人ではなかったので、「派遣社員も同じだ」と言ってくれた西野さんならと、これまでのセクハラや嫌がらせのことをかなり詳しく話しました。

しかし、西野さんの口からは出たのは、

「過去に2、3回女性のことで注意したことはあったけど、田村は派遣社員のことを一生懸命考えているヤツだ」

と田村氏を擁護するような言葉。期待し信頼を寄せていた人だけに、ショックも大きかったのを覚えています。

しばらくして、上司の中村さんや、労組の西野さんに相談したからか、派遣先の保健スタッフである保健師と面談するよう指示されます。派遣社員が保健師面談をするのは珍しいこと。ただ、体調はどうかというような聴き取りが主でした。

同時期に、同僚の川田さんに、「佐藤からこういう話を聞いたけれど、どうなんだ」と労組関係者などからの聴き取りが入ったようです。彼女は、「本人から直接話を聴いてください」と言ったそうですが、私のところには何の連絡もありませんでした。私が西野さんに相談をしたときは「聴き取り調査をする」という説明もありませんでした。

派遣会社の証拠づくりのための面談

２００６年６月、私が会社を休みがちだったこともあり、派遣会社の支店長から呼び出されました。勤務先では話しづらいだろうと、ホテルのラウンジで面談することになりました。

「体調が悪いのは、田村氏からのセクハラが原因なのか」

と尋ねられたものの、

「つらかったらなんでも言ってね。こうして話を聞くことはできるから」

と言われただけ。その前に川田さんから、「佐藤さんのことを支店長に聞かれたから、今まで溜まっていたことを全部話した。支店長も佐藤さんと話をすると言ってた」と聞いていたので、いつ連絡がくるかと待っていたのですが、会っても私からきちんと聴き取りをすることもなく、何のための面談なのかと失望しかありませんでした。

以前、セクハラ被害について話したときは無反応だったのに、派遣先の労組などから言われ、あわてて相談に応じるという体《てい》を装う支店長の証拠づくりにつき合わされただけだったと痛感しました。

いつの間にかバッグの中にナイフとロープが

田村氏からセクハラを受けて2年半余り、この間の被害については家族に話していませんでした。持病を抱えた母に心配をかけてはいけないと思い、いつものように出勤するよう見せかけ、終業時間までの間、大型ショッピングセンターの駐車場で車のシートを倒して横になり、いつもの時間に帰宅するようなこともありました。

派遣会社からは入院以外の欠勤は認めないと言われてい

セクハラについての
基礎知識❺

セクハラは性暴力

セクハラは性暴力のひとつです。そもそも「暴力」について、国連は「身体的・精神的または性的危害や苦痛を与える行為、そうした行為の威嚇、強制およびその他の自由のはく奪」〔1992年、女子差別撤廃委員会による一般勧告第19号〕としています。

レイプや強制わいせつなど性行為を伴う暴力だけでなく、セクハラやストーカー行為など言葉による性的嫌がらせや性的行為の要求、性的な画像などを見せることなども性暴力を意味します。本人の望まない性的な言動すべてを性暴力というのが世界的なとらえ方です。

て、有給休暇がなくなるのも時間の問題でした。生活を維持するためには仕事を辞めるわけにはいきません。けれども、出勤すると田村氏に会うことになる。そうはいっても、仕事を辞めたあと、どうやって生活していったらいいのだろう。自分が死んだら、保険金で母の生活を守ることができるだろうかといった考えも頭をよぎりました。退職を考えては思いとどまる、それを繰り返す毎日でした。自傷行為も始まっていました。

そんなある日、買った覚えのない「ナイフ」と「ロープ」がバッグの中に入っていました。今思えば、すでに解離症状*が表れていたのでしょう。買った記憶はなくても、自分がロープを選んでいる光景と、車の窓越しに見た夕焼けの記憶はありました。私は、記憶のない中で死ぬ準備をしていたのです。

もう限界だ、と思いました。退職をする決意をしたものの会社に行くのはつらいため、派遣会社に頼み退職の手続きは喫茶店で行いました。

来てくれた派遣会社の女性担当者が、

「会社では、佐藤さんが辞めるかもしれないって話していたよ」

と言うので、私は最後の望みをかけて、田村氏からのセクハラ・パワハラを打ち明けました。しかし、

「あの人は、ヤンチャで通っているから。誘われて嫌だったら断ればよかったのに」と受け流されたのです。断れないからこそ苦しんだということも訴えたのですが、最後の最後まで理解は得られませんでした。

派遣先の会社は、過去に女性関係で注意をした社員をなぜ野放しにしていたのでしょう。「セクハラ」という言葉を聞いたことはあっても、その認識は対人関係のトラブルの域を超えることはありませんでした。セクハラは性暴力であるという認識の片鱗すらみられなかったのです。派遣会社、派遣先会社にとって私は、田村氏のちょっとした「ヤンチャ」を騒ぎ立てた厄介者だったのでしょう。結局、派遣社員として都合よく使う消耗品でしかなかったのだと痛いほど思い知らされました。田村氏から受けた被害によるダメージだけでなく、被害が理解されないことによる精神的苦痛は計り知れないほど大きなものでした。

そして、バッグの中にロープとナイフを見たとき、命を守るためには、退職するしか道はなかったのです。

（＊）つらい体験を自分から切り離そうとする一種の防衛反応で、記憶を失ったり、自分が自分であるという感覚が失われている状態。

第2章

ウイメンズ・ネット函館との出合い

1本の電話が人生を変えた

考えつく、あらゆるところに相談するも……

執拗に続くセクハラにパワハラ、さらには会社や労組など相談した人たちからことごとく理解されないというダメージで身も心も疲れ果てていたころ、通院していた心療内科の窓口で1枚のカードを目にしました。カードにはいろいろな女性相談窓口を紹介してあり、初めて女性の相談を専門的に扱うところがあると知りました。その中に、私の人生を変えることになる出合い、ウイメンズ・ネット函館も載っていたのです。しかし、すぐに連絡することはなく、2カ月ぐらいカードを手元に置いたままでした。というのも、当時の私は、周囲に理解されないという孤立感と無力感に苛《さいな》まれていたために、連絡することさえできなかったからです。

仕事関係者からの対応に失望しながらも、インターネットなどで相談先を探し、行政の相談窓口である雇用均等室や行政書士、労働組合の相談窓口、弁護士などいろいろなところに相談していました。労基署にも相談しましたが、いずれも話は聞いても、具体的な対応策は示してくれず、解決の糸口が見つからない状態が続いていたのです。

「証拠は何かありますか?」

　労働組合の人は電話口で、「それは、セクハラですね」と言ってくれたのですが、続く言葉が「証拠はありますか?」。それがないと闘うのは難しいと言うのです。雇用均等室も、セクハラと認めつつも「おつらいですね」と言うだけ。話は聴きますよという、つまり傾聴で気持ちを慰めようというような対応でした。

　法務局がやっている弁護士相談にも行ってみたのですが、労働組合と同じように「証拠がないので裁判をしてもあなたが傷つくだけですよ」と。「ただ、どうしても相談したいのならば、ここは個人的に弁護士を紹介するところではないけど」と言いながら、弁護士名簿を出して何人かの弁護士の連絡先にマーカーで印をつけ、「このあたりかな。でも、セクハラの相談を受けた経験があるかどうかは知らないな」。もう少し親身になって相談に乗ってくれると思っていたので、他人事のような態度に、さらに傷ついてしまいました。

　行政書士からは、「こちらから内容証明を出しましょうか」と言われたのですが、当時の私は、そのことでどのような解決が見いだせるのか理解できず、頼みませんでした。

　労基署も門前払いのような対応で、気持ちが萎《な》えて引き返しました。

いずれも話を聴いてもらい一瞬期待するのですが、私の痛みはまったく理解されていないとわかると、期待したぶんストーンと突き落とされる感じでした。私が求めている、セクハラをやめてほしい、謝ってほしい、二度と起こらないようにしてほしいという思いは、どこにも届きません。期待しては裏切られの繰り返しに、「もう無理なのかも。解決策なんてないのでは」と深い失望感にとらわれていきました。

思いつめてかけた電話で

「これで最後にしよう」と、勇気をふりしぼり相談の電話をかけたのがウイメンズ・ネット函館でした。2006年7月の初めのことです。2カ月前、病院の受付で手にしたカードを握りしめ、ここで対応してくれなかったらもう終わりにしよう、と思いつめてかけた電話でした。バッグには、まだナイフとロープが入ったままです。相談というより、最後に誰かに私の気持ちを聞いてほしいという、すがるような思いだったように記憶しています。

しかし、この1本の電話が、私の人生を大きく変えました。これまでの経験から、

「おおげさかもしれませんけど……」

と、おずおずと話を切り出し、

「友だちからセクハラって言われたんです……」

「じつは、病院にも通っていて……、病院で解離があると言われたんですが……」

すると、

「それは明らかにセクハラです！　詳しい話を聞かせてください」

と即、面談相談の日が決められました。

電話から2、3日後、指示された場所を訪ねると、そこは普通の一戸建ての民家でした。ウイメンズ・ネット函館の事務所です。ウイメンズ・ネット函館は、函館を中心に女性たちがＤＶ・性暴力被害者支援と労働組合活動の両輪でさまざまな支援活動を展開している団体です。労働組合の活動は、北海道ウイメンズ・ユニオン函館支部として行っていますが、私の前にもセクハラ裁判を闘った実績のあるところです。のちに紹介するように、私も、団体交渉、民事訴訟、労災請求、行政訴訟のほか、生活に関わるさまざまな支援を受けました。まさに課題解決から自立支援まで、ともに闘い支える伴走型支援で私を支えてくれたのです。

力強い励ましを受ける

ワラにもすがる思いで受けた初面談。そこで、「あなたには働く権利があるんだから、この仕事を続けたいのであれば辞めずに団体交渉することができますよ」という力強い励ましの言葉を聞きます。

ただ、最初は内心、「ここで？　大丈夫？」と疑心暗鬼。というのも、事務所のドアはボコッとへこんでいるし、庭ではエプロン姿の年配の女性が掃除をしていて、なにかゆったりした雰囲気が漂っている。でも、あとで聞いたら、ドアのへこみはＤＶの加害者からの投石の跡、庭の女性もボランティアの支援者で、これまでさまざまな支援活動を担ってきた猛者《もさ》だそう。私の面談担当の古川満寿子さんも、「遅れて、ごめんねぇ。月命日だったもんだから」と、やってきて。正直なところ、「ホント、大丈夫なのかなぁ」と思ったのですが、いったん口を開いたら、先のように力強い支援の言葉が出てくるような人だったのです。

ただ、そのときは心身ともにボロボロで、「もう、あの職場で働き続けるのは無理です」と伝えました。私の辞める決意が固いことを知った古川さんは、「ここは、北海道ウイメンズ・ユニオンという個人加盟の労働組合でもあるから、組合員になって会社と団体交渉（以下、団交）を持ちませんか」と、会社を辞めても団交はできることを教えてくれ、「あなたの気持ちを会社にはっきり伝えて、加害者と会社に謝罪してもらいましょう」と提案してくれたのです。

帰りがけの車の中で、涙が止まりませんでした。「ああ、わかってくれる人がいたんだ」と。このとき、「もう少し生きてみよう」と思ったことを忘れることはできません。

当時の私の様子を振り返り、「こちらをしっかり見て話す眼が印象的でした。経過も時系列に沿って整理し説明してくれましたが、疲れ切っているようでした」と、古川さん。「今はとても許せない気持ちだが、それを直接加害者に言えないし、会社にも抗議をしたいができない自分が情けないと話す様子が、まるで中学生の女の子が理不尽さを一生懸命訴えているような感じを受けました」と語ります。

加害者が「お金を支払う」と事務所に

7月に退職し、その後、団交を派遣先会社と派遣会社に申し入れることになりました。ただし、申し入れる前に話し合わないかと派遣先会社の労働組合から提案されます。労働組合の仲介で派遣先会社と派遣会社の支店長を交えて話し合いの場を持ったものの、事実確認で双方に食い違いが出てきました。

そんなとき、ウイメンズ・ネット函館の事務所に田村氏と派遣先会社の組合分会長が訪ねてきました。私は同席せず、事務所で対応したのは古川さんでした。先方に承諾を得て録音したそのときの様子は次のようでした。

分会長から紹介されるやいなや、いきなり「申し訳ありませんでした」と頭を下げる田村氏。そして、団体交渉などしないでほしい、おわびの気持ちとして100万円払いたいと言ってきました。謝る理由を尋ねると、「自分のしたことで佐藤さんが今のような現状になったことを深くおわびしたい」、さらに100万円については「自分の言動で傷ついたことに対する精一杯の気持ちを表したものだ」と答えます。

団交になれば、会社からの処分を家族に知られることも頭をよぎったのかもしれません。しかし、あれほど執拗なセクハラをしていたのに、飲んでいて覚えていないとか、冗談だとか和気あいあいの中でのことと言い逃れ、自身の行為は決して認めようとはしません。では、何に対し謝罪するというのでしょう。のちに裁判でも、田村氏はセクハラ行為をことごとく否定していきます。とりあえず、頭を下げておけば、なんとか収めてくれると考えていたのなら、相手を見下した態度です。そのうえ、お金で片をつけようとする。お金を払えばなんとかなるというような態度はとうてい受け入れられるものではありません。もちろん断りましたが、傷に塩をすり込むような行為に、ますます許せない思いがつのりました。

闘いの開始

団交で謝罪と賠償を要求

8月末に団交を申し入れ、9月4日に第1回、21日に第2回、12月22日に第3回の団交が行われます。①加害者のセクハラ行為に対する謝罪、②セクハラ防止のための対処をしなかった派遣先会社・派遣会社の謝罪、③精神的肉体的苦痛への慰謝料を含めた賠償、そして、④派遣先会社・派遣会社に対し、今後のセクハラ防止対策を求める、というものです（図2-1）。

しかし、会社側は「要求内容が団交になじまない」とし、ここでやるより裁判で、というような対応でした。私も、そのときは白黒はっきりしていいのかもしれないと思ったので裁判で闘うことにし、団体交渉は3回で終わりました。

民事裁判でセクハラを否認する加害者と会社

2007年7月、加害者田村氏、派遣先会社、派遣会社の三者に対し、次のような損害賠償請求の訴えを起こします。

①田村氏による一連のセクハラ行為によって、名誉、プライバシー権、性的自由など

図2-1　派遣会社、派遣先への団体交渉申し入れ書（抜粋）

組合加入通知および団体交渉申し入れ

（略）

当組合は、連合北海道函館地区連合に加入する個人加盟の労働組合であり、女性労働者の雇用安定と労働条件向上に資するため、労働相談活動を含め幅広く活動している組織です。職場におけるセクシャルハラスメントは女性の人権侵害として周知されており、当組合でも、このセクシャルハラスメントにかかわる相談は、女性が職場で安心して安全に働き続ける権利を侵害する重要な問題だと認識しております。

さて、本人は2001年1月から派遣元の派遣労働者として派遣先の受付常務に配属され、電話受付の業務とその後には新人研修のインストラクターも兼務して勤務しておりました。本人にとってはとても意欲を持てる職種であると喜んで勤務しておりましたが、派遣先の担当上司・田村氏（仮名）からの数度にわたるセクシャルハラスメントや嫌がらせの被害を受け、深い精神的痛手から2006年7月退職せざるを得ませんでした。その間、派遣元の○○支店長、○○氏、派遣先の○○氏などに相談しましたが、安全な職場環境に改善する動きは見られず、本人の心身は一層追い込まれていきました。

田村氏の度重なるセクシャルハラスメントと嫌がらせ、そしてそれに対処できなかった会社の対応のため、仕事に意欲を持っていたのに働けなくなり、生活の糧である職場を失わざるを得なくなった本人は大変な痛手を被り、怒りを感じております。

以上の状態から田村氏と派遣先、派遣元それぞれは本人に対し謝罪をし、精神的肉体的苦痛に対するその損失の補てんをすべきだと当組合は考えております。本人はその交渉の一切を当組合に委任した次第です。

従いまして、当組合としては下記のことについて団体交渉の開催を申し入れますので、貴社と致しましては、至急お取り計らいくださいますようお願い申し上げます。

記

〈交渉事項〉

1．田村氏のセクシャルハラスメント行為に対し本人の謝罪を書面にて求めます。
2．派遣元及び派遣先のセクシャルハラスメント防止のための会社の配慮義務違反に対して、謝罪を求めます。
3．前記のことに対して医療費等を含めた慰謝料を要求します。
4．派遣元、派遣先に対し今後はセクシャルハラスメント防止に対する実効性のある対策を求めます。

以上

の人格権を侵害され、精神的苦痛を被った。これに対する慰謝料

②田村氏の一連のセクハラ行為、派遣先会社と派遣会社が何ら適切な措置を講じなかったことにより退職を余儀なくされた。これによる逸失《いっしつ》利益（本来得られるはずだったのに得られなくなった収入）

③セクハラにより心療内科に通院を余儀なくされた。これにかかった医療費

裁判では、同僚の川田さんや通院していた医師の証言などから、セクハラ被害の実態が明らかになっていきました。

一方、被告となった三者は訴えを真っ向から否認します。曰く、「原告（私）が被告（田村）からセクシャルハラスメントを受けたこと、派遣先の被告の上司らにこれらを報告したことはいずれも否認する」。ショートメールを送ったことも、男女関係の好意からではない。ただし、飲んで帰ったあと心配だったので、「無事帰ったか。俺、おまえのこと好きだから本気で心配するぞ」という内容のものを送ったことはあると認めています。温泉行きを誘ったことも否認。もっとも、休憩室で旅行のガイドブックを見ていた佐藤に「みんなで温泉にでも行きたいね」と声をかけたことはある、とのこと。飲み会や食事の席で肩を抱き寄せたり、タクシーの中で手を握るなどの行為は否認。しかし、カラオケボックスで肩に手を回しながら歌ったことはある、云々。

田村氏だけでなく、私が相談した会社の人たちもことごとく否認してきます。田村氏の上司の中村さんも、セクハラについて相談されたという事実、そのため心療内科に通院していると私が言ったという事実も否認しました。ほかの会社側の人も、聞いていないと否定するのです。

白黒はっきりしないとわかったところで和解に

裁判は札幌地裁で行われました。北海道ウイメンズ・ユニオンの本部が札幌にあるので、小山洋子さんや近藤恵子さんたち札幌の仲間に支えられ、なんとか裁判を闘いました。ただ、団交のときと同様、会社側は、佐藤は勤務態度が悪かったなどのキャンペーンを張って、事実もことごとく否認するわけですから、これまでの人間関係が悪くなってしまいます。セクハラしていた本人は、していないと否定する。しかし、同僚の証言などから行為を否定できないとなると、今度はそういうつもりではなかったと言う。相談した人も、聞いていない、相談された事実がないと否定する。これで人間不信に陥らないのが不思議なくらいです。実際に体調が悪化するなど、セクハラ被害者にとって裁判の過程で受ける傷がいかに大きいかを思い知りました。

さらに、担当裁判官が心ここにあらず、という感じで、証言や陳述などをきちんと聞いていないという印象を受けました。裁判官がボーッとしているので、陳述のときに私は途中で中断したのですが、周囲がザワザワとしても当の裁判官はいっこうに気づかない様子。しばらくして、「どうしましたか」

そんなこともあり、当初抱いていた裁判への幻想は消えました。このまま続けても、白黒はっきりするわけではないらしいとわかったところで、弁護士に「和解という方法があると聞いたのですが」と私のほうから切り出し、和解をして1年半の裁判に終止符を打ちました。

退職すれば回復すると思っていた

アルバイト先で起きたフラッシュバック

団体交渉や民事裁判に取り組みながら、再就職のため、3カ月ほどハローワークの就労支援でパソコン教室に通いました。当時は、本来の自分を取り戻すことに必死で気づかなかったのですが、そばで見ている支援者は、普通に仕事に就けるほど回復はしていないと判断していたそうです。ハイになって盛り上がっているかと思えば、ぐったり疲れ果てている。そんな私をみて、社会復帰の足掛かりになるようにと支援団体関係者である市議会議員の後援会事務所で短期間のアルバイトを紹介してくれました。主な仕事は、郵便物の発送や名簿づくりなどの軽作業。ほとんどが女性スタッフなのですが、男性スタッフも若干名いてあいさつを交わす程度でした。

ところが、ある日、ひとりの男性スタッフから話しかけられたとき、突然、身体が硬直し、叫びだしたくなるような恐怖が襲います。男性は、高齢のやさしい人なのに、何か話をすると、その人が急に厚いガラスの向こうにいるような、すごく遠くに感じるようになりました。そのうち、怖くなって隣の部屋に移り、

「怖い、怖い」

と支援者に電話をしたのを覚えています。すると、

「男性恐怖症かな、そういう症状が出たのかもね」

と言って落ち着かせてくれました。

安心できる場所で、今まで隠れていた感情があふれ出たり症状が表れるのは、性暴力被害者の特徴だとあとになって知るのですが、そのときは初めてのフラッシュバックを経験し動揺しました。だから、このころのことを聞かれても、確かな記憶がないのです。記憶がとぎれとぎれで、部分的にとんでいる感じです。それでも、私の被害に理解のある環境だったこともあり、周囲のサポートを受けながら、なんとか3カ月

間のアルバイトを乗り切ることができました。しかし、これ以降、症状は悪化の一途をたどっていきました。

会社中追いかけられる夢にうなされる

会社を辞めたら回復すると思っていたのに、不眠や自傷行為の頻度が増えていきます。田村氏から逃げる悪夢で目が覚めることもありました。会社中を追いかけられ、階段を下りてハァハァ息を切らしながら同僚の川田さんを「助けて‼」と探し回る。

「助けて！　助けて！」

と叫びながら起きると、大量の汗と震え、激しい頭痛に苦しめられます。あまりに生々しい夢のため、夢か現実か区別がつかず、何度も自分に、

「もう、辞めたんだよ」

と言い聞かせました。それでも体の震えは止まりませんでした。

次第に、日常生活にも支障が出てきます。男性全般が恐怖の対象となり、買い物は短時間ですませられて、すぐに逃げられるようにコンビニが中心となりました。通院先では、待合室に男性がいるだけで体が凍りつき震えが止まらなくなるため、車の中で待機して、診察が近くなったら携帯で呼び出してもらうようにしたこともありまし

た。

司会業を再開するも薬を飲みながら仕事をこなす日々

とうてい働ける状況ではなかったのですが、生活を維持するためには収入を得なければなりません。そこで、20代から経験を積んでいた司会の仕事を月に数回入れることにしました。しかし、体調は万全ではなく、照明などの光でめまいがしたり、常にフワフワと浮いているような感覚がありました。司会をしている私の様子をもう一人の私が見ているという解離状態の中で仕事をこなしていたので、終わったあと、自宅までの記憶がなかったり、帰宅してから翌朝目が覚めるまでの記憶がとんでいるということもたびたびでした。

長時間のイベントでは、少しの時間でも車に戻り、安定剤を服用しながら仕事をこなすという具合。大きなミスはなかったものの、臨機応変な対応もできず、素人のような司会になってしまい、所属事務所の社長から注意を受けることもありました。毎年、イベントの依頼を受けていた取引先からは、「声が暗いけれど、佐藤さん、いったいどうしたの？」と言われたことも。仕事が終わると毎回、事務所に報告をしなければならないのですが、その間の記憶がないため、どう報告していいのか戸惑うことも少なくありませんでした。

男性への恐怖もありますから、結婚式の司会などでお酒を飲んだ男性が近寄ってきたり、会場には男性スタッフもいて、すべてが耐えられない状況で仕事をしていました。仕事が終わった後、車の中で「ギャーッ！」と大声で叫んだり、海沿いを走っているときにアクセルを思いっきり踏んでいる自分がいました。また、最初はマイクを重く感じる程度だったのが、だんだんと自分の持つペンさえ重く感じ、ちゃんと書けないので文字が乱れ、自分で書いた文字が読めないほどになっていったのです。

そのころになると、次第に喜怒哀楽の感情も希薄になっていきます。花が好きだった私が花を見てもキレイと感じなくなり、好きな音楽も雑音にしか聞こえなくなっていきました。テレビの音も耳に障《さわ》り、部屋の照明は目に射《さ》し込み、吐き気がしました。だんだん本を読むことさえできなくなっていったのです。

病院での心ない対応に傷つく

通院はずっと続いていました。ただ、病院は変えました。最初、通っていた病院には、民事裁判や労災申請のときに意見書を書いてもらったりしたのですが、忙しそうで頼みづらくなり転院します。

次の病院は、ＰＴＳＤ（心的外傷後ストレス障害）などの診断ができるということで受診したところ、担当の医師に、「知らない人に刺されたわけでもないんだから働けるでしょ」と言われます。さらに、質問にすぐに答えられず考えていたら、デスクの上に積んであるカルテをポンポンとたたいて、「あなたの答えを待っているヒマはないの。こんなに患者さん、待っているんだから」。精神科を標榜しているところでのあまりの対応に、そこはすぐにやめました。

３番目の病院では、臨床心理士が理解してくれる人で、自分に合いそうにない医師なら変えてもらうことができると教えてくれたり、医師に、私が男性の目を見て話せないことや、そばに来ると体が固まってしまうというようなことを伝えてくれました。医師は男性でしたが、どのくらい離れればいいかなど配慮してくれ、診療時間も短めにしてくれたようです。ただ、その医師が病院を辞め、次に代わった医師が、「男性も悪い人ばかりじゃない。いい人もいるのに、男性が怖いというのは失礼じゃないか」というようなことを言う人でした。そのころにはだいぶ回復していたので大きなダメージを受けるようなことはなかったものの、心療内科や精神科の医師だからといって、すべての医師がセクハラやトラウマ（心的外傷）について理解があるわけではないと、つくづく思い知らされました。

また、通院しているとき、医師から生活保護の申請をしてはどうかと提案がありました。病状が悪化し、満足に仕事もできない私の窮状をみてのアドバイスでしたが、当時の私は男性に対する恐怖心が強く、公共の交通機関を利用することができないため、自家用車での移動以外は困難でした。生活保護を受けることになれば車を手放すことになるだろうと考え、申請はしませんでした。

母親との間に亀裂が走るように

回復どころか、症状が悪化する一方で、母との生活にも亀裂が生じていきました。じつは、母にはセクハラやパ

セクハラについての基礎知識❻

PTSDの主な症状

PTSDは、①過覚醒（覚醒亢進）、②再体験（侵入）、③回避、④否定的認知・気分という大きく4つの症候群に分けられます。

①過覚醒は、過度の緊張や警戒が続く状態で、不眠や集中できない、頭痛などが表れます。

②再体験は、事件のときの記憶や身体感覚などがよみがえってくることです。フラッシュバックに襲われ、強い心理的苦痛と動悸や冷や汗など身体的反応も。

③回避は、トラウマ体験と関連するものや思い起こさせるものを意識的に避ける行動で、加害者に似た年恰好の男性から男性全体が避ける対象に広がることもあります。

④否定的認知・気分とは、麻痺を含む症状です。麻痺は感情を感じなくなり心が委縮してしまう状態。否定的認知とは、「自分は悪い人間だ」「世界は危険でしかない」など、自己や他者、世界に対するネガティブな思い込みをいいます。否定的気分は、事件について、ずっと自分を責めたり、他者を恨み続けるなど、怒りや恐怖、罪悪感、恥辱感などのマイナスの感情や気分を持ち続けることです。

PTSDはトラウマ反応の一部です。トラウマとなる出来事から1カ月以内で治まるASD（急性ストレス障害）と違い、一定期間経ったあとも特定の症状が残り、著しい苦痛や社会機能を妨げている場合に使います。

出所：宮地尚子『トラウマ』（岩波新書）

ワハラの詳しいことはずっと話しておらず、会社を辞めた直後にその理由として上司からセクハラの被害にあったことを伝えました。母も、私の様子がおかしいとうすうす感じていたらしく、「もっと早く言ってほしかった」と。確かに、カーテンを閉め切ったままの部屋に閉じこもり、あまり出てこないし、2週間も会社を休んでいますから、何かあったのだろうとはわかっていたのだと思います。

ただ、退職直後は、仕事を辞めたら前のように元気になると私も思っていました。実際、ハローワークの就労支援を受けたり、アルバイトを始めたり、司会業も入れたりしていたので、母も徐々に回復していくのではと思っていたのでしょう。

しかし、アルバイト先でのフラッシュバックが起きて以降、症状はひどくなる一方で、仕事も満足にこなせない状態に陥ります。当然、収入もなくなってくるため、母は生活の不安や不満を私にぶつけるようになります。「暗い顔を私の前でしないで」と言われた記憶があるのですが、たぶんそのころは笑うこともできない状態で無表情だったのだと思います。

ついには、「いつまで私に心配をかけるの?」といった言葉が母の口をついて出てくるようになります。私も、なかなか体調が回復しない焦りと経済的な不安定さにあって、そのような状態が母の不安を増長するということはわかっていたのですが、どうすることもできない。母親の苛立ちに、「私を責めないで」と答え、「もうダメだ。消えたい……」と、泣きながら古川さんに電話したのを覚えています。

実家を出てステップハウスへ

古川さんは私の話を聞くなり、「ステップハウスに入らない？」と誘います。ステップハウスとは、ＤＶを含むさまざまな暴力被害で一時的に避難しなければならない人を受け入れたり、シェルターを出たあと、自活できるまでの間、中長期的に被害者が利用する場所です。シェルターは、暴力を受けた被害者が緊急一時的に避難できる施設を指します。

今ここで家を出てしまったら、親子の縁を切ることになるのではないか、ひとり残る母親はどうなるんだろう、私が死んだほうが保険金で母の生活は成り立つのではという思いがよぎり、心は揺れに揺れましたが、結局バッグひとつ持ってステップハウスに向かいます。

ステップハウスで２週間くらい過ごしたのち、アパートを借りてひとり暮らしを始めることになります。今思えば、母もつらかったのだとわかります。その後、私の活動をみて徐々に理解してくれるようになりました。

コラム❶

セクシュアルハラスメントの被害者支援
――基本はエンパワーメントと当事者主義

近藤　恵子

　セクシュアルハラスメントは職場の性暴力犯罪である。当事者の多くは、労働権を奪われ、生活権を侵害され、時には生存権すら脅かされる。被害実態は深刻で過酷であるにもかかわらず、被害当事者の救済・回復支援システムはいまだに不十分なままだ。

　DV、ストーカー、レイプ、性虐待などと同様の性暴力であるセクシュアルハラスメントは、ジェンダー犯罪である。性差別の構造を温存する社会では、いつでも、どこでも、誰にでも起こりうる犯罪であり、ジェンダー*のしばりがきつくなっている現在の日本社会では、ますます女性に対する暴力が過酷化・深刻化している。

　女性に対する暴力の問題が、女性運動の中心軸に据えられるようになったのは20世紀の終わり。1995年の第四回国連世界女性会議（北京）が、暴力根絶をめざす世界中の女性たちをつなぎ、国内でも、DV・性暴力サポートシェルターが次々に誕生した。

シェルターとユニオンの活動を両輪として

　北海道札幌市に、女性の人権ネットワーク事務所「女のスペース・おん」が誕生したのは1993年の春だったが、その活動の中から、同年秋には「さっぽろウイメンズ・ユニオン」（後に北海道ウイメンズ・ユニオン）が設立された。さらに、1998年には「北海道シェルターネットワーク」が誕生。シェルターを受け皿とする支援と、ユニオンの交渉力を駆使する活動をつなぎ、公的領域・私的領域を問わずあらゆる性暴力被害当事者の支援を進めてきた。シェルターとユニオンの活動を両輪とするこのネットワークは、さらに国内外のフェミニストたちとの連携へと拡がっている。

8つの拠点都市を結ぶ北海道シェルターネットワークと、道内5支部を抱える北海道ウイメンズ・ユニオンは、当事者を中心に据えた連携支援を進めている。「痛みを力に」変えるDV・性暴力被害当事者。「やめない、負けない、あきらめない」セクハラ被害女性労働者。女性たちの誰もが、直面する困難を解決し、心身のダメージを回復する過程で、多領域にわたるサポートを必要とする。

こうした性暴力被害者の回復支援に必要な社会資源はまだまだ脆弱ではあるが、女性たちは、必要な人材、支援システム、法制度をみずから創り出しながら闘いを進めてきた。

人は闘いながら回復を果たす

佐藤かおりさんが、東京にやってきたのは、2011年の年が明けてのことだったと思う。函館で被害にあい、ウイメンズ・ネット函館のステップハウスを利用しながら、団体交渉・民事訴訟・労災申請と、フルコースの闘いを続けていた佐藤さんが、国を相手に労災認定の不支給処分取り消し訴訟を提訴することになり、加害者のいる函館から離れ、東京で生活することになった。

佐藤さんの勤務先が、全国の民間サポートシェルターをネットワークする「NPO法人全国女性シェルターネット」の東京事務局であったことも、闘いの中で回復を果たそうとする佐藤さんにとって好条件の職場だったと思う。前年からシェルターネットの専従理事として勤務していた私と、都合2年間同居することとなった。

北海道ウイメンズ・ユニオンでご一緒していたときは、ここ一番というところではきちんと発言・行動しながらも、ときどき能面のように表情がなくなったり、移動の飛行機に乗ったことを覚えていなかったりする佐藤さんを、仲間たちが包み込むようにして支えてきた。東京の新たな環境で、フラッシュバックなどに苦しむことがないか、予測もつかない困難が生じるのではないか、心配しながらの共同生活が始まったが、佐藤さんは新たな環境にスムーズに溶け込んでいき、毎日毎日、私は新しい佐藤さんに出会い続けることになった。

どんな子ども時代を過ごしてきたのか、お母さんはどんな人だったのか、どんな音楽が好きか、何に怒ってきたか、大事にしている友人のこと、仕事のこと、好きな本、三升漬け（北海道の郷土食）のつくり方……。裁判所や会議室ではできなかったおしゃべりを、時には居酒屋で、時には夕食後の食卓に座って延々と続けながら、本来の佐藤かおりさんが、まざまざと、鮮烈に立ち現れてくる。

佐藤さんにはこんな力があったのか。こんなに魅力的な人だったのか。たしかに、人は、闘いながら回復を果たすのだと確信した。佐藤さんとの共同生活で、深く強くエンパワーされたのは、むしろこちら側だったのだと思う。

北海道から東京へ。サポートされることの多かった当事者としての佐藤さんが、ネットワーク事務所で支援する側の仕事に就いたことも回復をうながす大きな原動力になったと思う。心療内科に通いながら、時にはカウンセリングを受けながらの生活だったが、活動関係者以外は出入りせず、男性の訪問もほとんどない、安全が守られている勤務場所だったこともあって、佐藤さんは日に日に担当業務を増やしていった。

国を相手取っての行政訴訟原告としての多忙な活動があり、セクハラ労災認定の新基準を論議する専門検討会の分科会も動きだしたときである。ネットワークが準備する院内集会に資料を整え、当事者として発言する機会も増えた。行く先々で、セクハラ裁判にとりくむ当事者や、ＰＴＳＤ（65頁参照）に苦しむ当事者に出会い、応援されながらサポートし合う関係が拡がっていく。

支援される側から支援する側へ

闘いの中で、支え合いの関係を生きつつ、支援される側から支援する側へと比重が移っていくことで、佐藤さんもまたエンパワーされていく。回復というよりは、新しい人生の再生。暴力被害から再出発しようとするすべての女性たちがそうであるように、佐藤さんは、被害にあう前よりさらに強靭で温かく深い人生を生きることになる。

そのことを決定的にしたのは、東日本大震災だった。２０１１年の２月から３月にかけて、内閣府の事業として国内初のＤＶ・性暴力ホットライン「パープルダイヤル」が実施された。全国女性シェルターネットの拠点メンバーが全国でこのダイヤルを取り、うずもれていたＤＶ・性暴力被害者の声を聴き続け、直接・間接の支援につなげた。東京事務所でも、24時間のホットラインは鳴りやむことがなかった。そのさなか、3月11日に大震災が起こる。戦争・紛争や災害時には女性に対する暴力が激増する。ホットラインに届く悲鳴のような声を受け止めながら、全国の仲間たちが宮城・岩手・福島の被災地支援に駆けつけることになった。九州から、関東から、北海道から、次々と支援員を送り出し、被災地での女性支援活動をリードした佐藤さんの活躍にはめざましいものがあった。

その後に提訴した休業補償期間見直し裁判にも勝利し、パープル・ユニオンを立ち上げた佐藤さんは、執行委員長として、多くのセクハラ被害当事者と出会いながら、女性労働の本質的な課題に取り組む日々を生きることとなる。

あなたの痛みは私の痛み、あなたの怒りは私たちの怒り、あなたの悲しさは私にも覚えがある悲しさ……。痛みを共有する闘いの中で、佐藤さんはみんなの「佐藤さん」になったのだと思う。

本来持っていた生きる力を取り戻す

たくさんの「佐藤さん」が、シェルターに、ユニオンにやってくる。痛みを共にする女たちの、温かで力強いサポートネットワークの中にいても、当事者がダメージから回復するには長い時間がかかる。人がひとり生きていくために必要とするすべての社会資源を使って、セクハラ被害当事者もまた、長い回復の道のりをたどらなければならない。

女性支援の基本は、エンパワーメントと当事者主義にある。理不尽な暴力被害によって奪われた、当事者が本来持っていた生きる力を取り戻すこと。課題を抱える当事者が、自らの人生のビジョンを描き、自ら回復支援の道筋を決定していくこと。それは、この社会に生きるすべての女たちの回復の物語と重なる。

（＊）生物学的性別と区別した、社会的・文化的性別（性のありよう）のこと。男性役割／女性役割や男らしさ／女らしさなど。

第3章

労災認定を求めて

労災申請の高いハードル

3回目でやっと手にする労災申請書

生活が困窮し途方に暮れていたとき、支援者から、セクハラで精神障がいを発症した場合は労災保険（以下、労災）の対象になること、労災が認定されれば医療費や生活費などが給付されると聞きました。しかし、セクハラ被害者にとっては、労災申請をするために労基署に一歩足を踏み入れたときから困難が始まります。まず、申請書を手にするまでに高い壁があるのです。私も2回ほど、一人で労基署に出向いたのですが、なかなか申請書を渡してもらえませんでした。支援者に同行してもらい、3回目にやっと手にすることができたのです。

初めてのときは窓口で、「セクハラが原因だと、労災の申請できますか」と聞きました。申請書をもらうのがそんなに大変なことだとは思っていなかったのです。ところが、「いや、セクハラで労災は難しいですよ。労働審判[*1]という方法があるから、向かい側の裁判所で説明を受けたらどうですか」と、担当者。労働審判というのも初めて聞く言葉でしたが、とりあえず裁判所に行って労働審判の説明リーフレットをもらいました。いちおう目を通したものの、やはりこれではないと思い、もう一度労基署に出直すことにします。

2回目は、ウイメンズ・ネット函館でセクハラ労災を認めさせたという話を聞いていたので、労基署で「セクハラで労災申請をしたい」と伝えました。ただ、パーテーションで区切られているとはいうものの、他の来所者にも話が聞こえるようなところで、男性担当者にセクハラ被害を伝えるのはつらく、周囲の目を気にしながらセクハラ被害を話し終えました。ところがそのあと、担当者から出た言葉は、

「セクハラだけで労災の認定は難しいですよ。他に長時間労働などはないですか?」

その言葉は、「セクハラ被害は、大したことではない」「申請をしても意味がない」と言っているようなものでした。壁の高さに呆然とし、こちらもついきつい言葉が出てしまいます。

「どういう状態だったら認定されるのですか。仮に私が自殺をしたら認められるんですか!」

すると、担当者は、労災について説明した冊子の遺族補償のページを開いて、

「自殺であればこちらになります」

と説明しだしたのです。

「療養補償ではなくて、遺族補償になるわけですね……」

あまりの対応ぶりに、言葉を失ってしまいました。

労基署でのやりとりを支援者の古川さんに伝えたところ、すぐに労基署に電話を入れ、次回は同行してくれることになりました。そして、古川さんから、労災認定を判断するのは労基署の窓口担当者ではないこと、労働者には申請をする権利があることを教えてもらい、次回、申請書を受け取ろうと励まされたのです。

古川さんに同行をしてもらい労基署に出向くと、今度は別室に案内され、労災手続きのていねいな説明を受け、やっと申請書を手にすることができました。

セクハラ被害者にとって労災補償は命綱

２００７年９月、労災申請を行いました。これは、療養補償給付と２００６年７月７日から２００７年８月23日の間の休業補償給付の請求です。あとで詳しく触れますが、退職後の期間でも、休業補償を請求できるのです（１４２頁参照）。しかし、窓口の担当者が言ったとおり、労災は、簡単には認められませんでした。

そもそも労災保険制度は、業務上の事由や通勤による負傷、疾病、傷害または死亡に対して迅速かつ公正な保護をするため、必要な保険給付を行って、社会復帰の促進、労働者やその遺族の援護、労働者の安全や衛生を確保して労働者の福祉の増進に寄与することを目的としています（労働災害保険法第1条）。

セクハラで精神障がいを発病した場合も労災の対象になりますが、私の場合は、セクハラ労災が認定され、適切な休業補償を得るために、じつに8年を要しました。そしてこの間、三度も国を相手に裁判を起こさなければ、適切に運用されなかったのです。

労災は、被害者にとって〝命綱〟といえるもの。それなのに、補償を受けるまでに8年もかかるなんて、いったい労災は誰のための保険制度なのかと疑問を持たざるを得ません。ここから、労災認定の厚い壁と、セクハラ被害に対する誤解や偏見との闘いが始まりました。

労災保険制度とは

ここで、労災保険制度について、簡単に説明しておきましょう（民間企業の場合）。

仕事が原因でケガをしたり病気になったり、あるいは命を落としたりすることを労働災害、いわゆる労災といいます。ただし、労災として認められるかどうかは、厚生労働省（以下、厚労省）が設けた労災認定基準に基づき、労基署で判断されます。

労災と認められると、労災保険が適用され、労災にあった被害者や遺族に対して必

図3-1　労災保険給付の種類

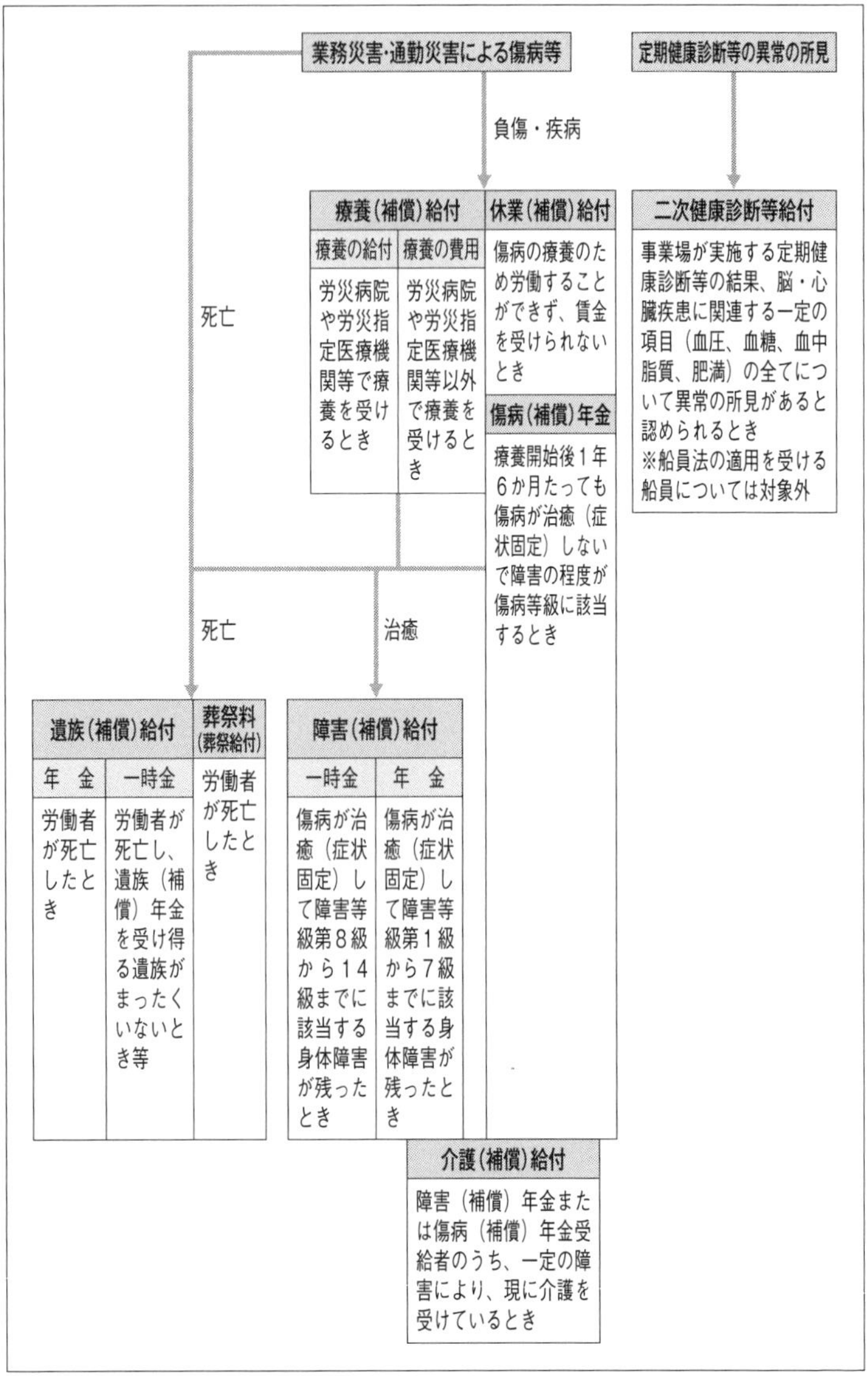

出所：厚生労働省「労災保険給付の概要」
https://www.mhlw.go.jp/new-info/kobetu/roudou/gyousei/rousai/dl/040325-12.pdf

要な保険給付が行われることになります。保険給付には、療養補償給付、休業補償給付、傷病補償年金、障害補償給付、介護補償給付、遺族補償給付、葬祭料などがあります（図3－1）。

申請書は、労基署でもらい、必要事項を記入したらその他の書類（医師の「意見書」など）とともに労基署に提出します（【巻末資料3】参照）。その後、労基署による聴取が行われます。必要に応じて被害者本人だけでなく、加害者、同僚など会社関係者、主治医、被害者の家族なども聴取されます。

セクハラ労災の場合は、「心理的負荷による精神障害の認定基準」（2011年11月までは「心理的負荷による精神障害等に係る業務上外の判断指針」）に照らし合わせて、労災と認定するかどうかが判断されます。労災が認定がされる要件は、①認定基準の対象となる精神障がいを発病していること、②発病前おおむね6カ月間に業務による強い心理的負荷が認められること、③業務以外の要因（私的な出来事や、精神障がいの既往歴など）により発病したとは認められないこと、の3点です。②の判断は、「業務による心理的負荷評価表」に基づき行われますが、これは、「具体的出来事」の強度（たとえば、セクハラ行為が被害者にどの程度影響を及ぼしたか）を「Ⅰ（弱）」「Ⅱ（中）」「Ⅲ（強）」の3段階で総合評価します（【巻末資料4】参照）。心理的負荷が「強」と評価される場合、認定要件の②を満たします。

その結果、労災と認定された場合は「支給決定通知書」が、認定されなかった場合は「不支給決定通知書」が送付されます。

なぜ必要なのか、被害者家族への聴取

私の場合、聴取の対象は、請求人である私、田村氏、相談した派遣会社や派遣先の人たち、主治医のほか、家族でした。

母には、私の性格や趣味、生活の変化、成育歴などの聴き取りが行われました。あとになって母が、「娘がセクハラで精神障がいを発病したのは、育て方に問題があった」と責められているように感じたと打ち明けました。母には被害のすべてを話していません。性的な被害を家族に知られたくなかったからです。多くの被害者にとって、家族への聴取は労災申請の高いハードルになり、実際に申請をあきらめた人もいます。

そもそもセクハラ被害と成育歴に、どのような因果関係があるのでしょうか。セクハラは、被害者に原因があるのではありません。被害者側にも原因があるのではないかという視点で、個人のプライバシーに踏み込んだ聴取を行うこと自体、二次加害に該当すると思います。

労災認定はされなかった

セクハラが主要な原因ではないとして不支給決定が下りる

翌年の２００８年4月、「不支給決定」が出されました。理由は、「業務による心理的負荷が主要な原因となって精神障がいを発病したものとは認められない」というものです。

先に触れたように、業務による心理的負荷の評価は「弱」「中」「強」の3段階でされます。「弱」は、日常的に経験する心理的負荷で一般的には問題とならない程度をいいます。「強」は、人生の中でまれに経験することもある強い心理的負荷で、「中」は、その中間に位置するものです。私の場合、セクハラにより就労環境を害され、職場の対応が不適切であったため退職せざるを得ない状況に追い込まれているにもかかわらず、出来事に伴う心理的負荷は「中」と判断されたのです。

さらに、「発病前おおむね6カ月」の出来事で判断されるのですが、ここでいう「発病」とは、当時は医療機関への初診日とされていました。早期に心療内科にかかっていたために、初診より後に受けたセクハラ・パワハラが評価の対象になっていませんでした。被害は、その後2年にわたって続いたにもかかわらず、です。

図3-2　審査請求、再審査請求の流れ

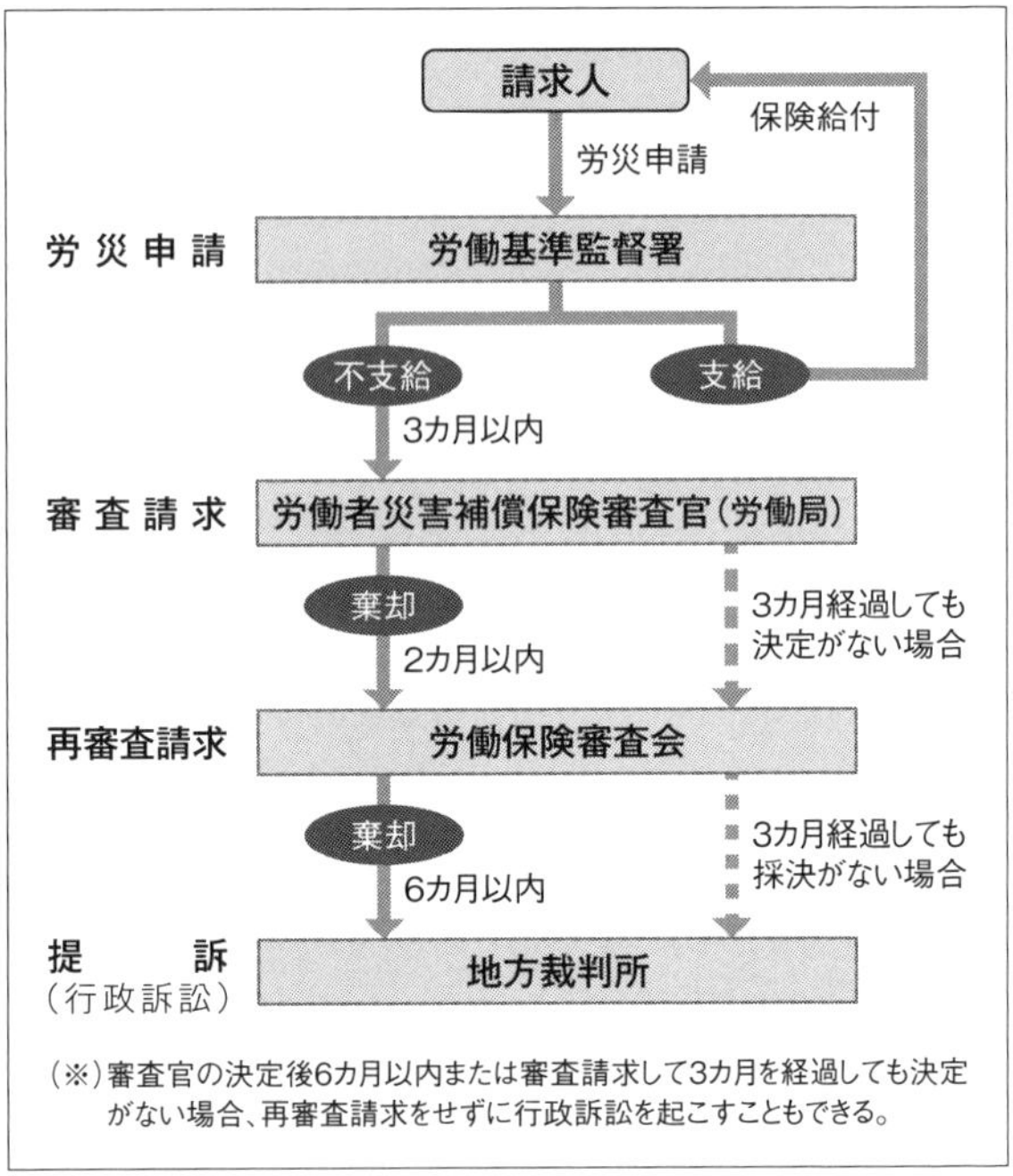

セクハラが、主要な原因となって精神障がいを発症したと認められないのであれば、いったい何が原因でさまざまな精神的トラブルが起きたというのでしょうか。総合評価を「強」にはいたらないとした判断は誤りであるとして、すぐさま審査請求の申し立てを行いました。

不支給を不服として審査請求

労災保険給付に関する決定などに不服がある場合は、不服の申し立てをすることができます（図3-2）。申し立ては二審制になっていて、一審の審査請求は、「労働者災害補償保険審査官（以下、審査官）に対して行うことができます。審査官は、その決定をした所在地の労基署を管轄する労働局に置かれています。さらに、審査官の決定に不服がある場合や、審査請求後3カ月を経過しても審査官による決定がない場合は、「労働保険審査会」に対して再審査請求をすることができます。

先の労災不認定処分（決定）を不服とした審査請求は、2008年9月、棄却されました。棄却の理由は、以下のとおりです。

①心理的負荷の評価について、上司からのセクハラ行為は事実と認められるが、これらの行為を受けたことは（その内容、程度から）「セクハラを受けた」平均的な心理的負荷の強度「中」に該当する。

②発病前6カ月間において、恒常的な長時間労働は認められず、また、セクハラ以外には心理的負荷がかかる出来事も認められない。

③事業主によるセクハラ相談システム等は機能していたと認められ、同僚も上司の態度をたしなめるなどしており、出来事に伴う変化等は過重とは言えないなど、総合的に評価すると、業務による心理的負荷は「強」とは認められない。

セクハラ行為があった事実は認めながら、ここでは、セクハラ被害を相談していた同僚の川田さんが田村氏をたしなめたことが記載されており、会社が適正に対応していたかのように評価されていました。川田さんの言動は、田村氏の私に対するセクハラ行為が目にあまるがゆえの行動であり、会社の対応についての評価の対象ではないはずです。

また、長時間労働がなかったことも理由のひとつにあげられていました。しかし、2005年12月に厚生労働省が出した通知「セクシュアルハラスメントによる精神障害等の業務上外の認定について」（以下、「厚労省通知」）では、セクハラ労災については、恒常的な長時間労働などの過重な労働自体とは関係のないものであり、心理的負荷の原因となったセクハラ自体を評価して認定の判断をすべきであること、心理的負荷の強度の評価にあたっては、セクハラの内容自体だけでなく、セクハラを受けたことに伴う職場環境の変化や事業主の対応なども含めて総合的に評価することが必要であることが示されています。この審査請求棄却は、長時間労働などとは関係ないとしている「厚労省通知」をふまえたものにはなっていませんでした。

そこで、これを不服として、再審査請求を申し立てました。

心理的負荷強度が「強」に修正されるも再審査請求棄却

しかし、再審査請求も棄却されたのです。理由は、「発病前6カ月間における出来事の心理的負荷は、精神障がいを発症させる程度のものとは言えない」というものです。

じつは、再審査請求で、心理的負荷強度は「強」に修正されました。上司から「派遣社員の代わりはいくらでもいる」と言われ、仕事を失いたくないため上司の言動に対し明確に拒否できず、機嫌を損ねないように気を配っていたこと、上司の執拗な行動が続いたことなどを理由に「中」から「強」に修正されたのです。しかし、上司のパワハラは発病後に生じていること、発病前に派遣元・派遣先の相談窓口にセクハラの相談をしていなかったことなどから、総合評価として「発病前6カ月間における出来事の心理的負荷は、精神障がいを発病させる程度のものとは言えない」と結論づけ、労災不認定処分を追認したのでした。

嫌がらせ行為は、セクハラ行為と密接に関係しています。「嫌がらせ」や「パワハラ」は、加害者の報復行為です。自分の思いどおりにならないことへの苛立ちを、自分の地位を利用して制裁を加えたものであり、セクハラとパワハラを一体化してとらえなければ、被害全体を把握することは困難です。

また、会社のセクハラ相談窓口に相談しなかったのではありません。できない背景があったのです。相談窓口が設置されているかどうかも知らなかったのですが、知っていたとしても、派遣社員であるがゆえに不利益を被るのではないかという不安があるうえ、プライバシーが守られる保証もない相談窓口を利用する気にはならなかったと思います。私に限らず、被害者の多くは、働き続けることが優先事項であり、性的な相談をすることに躊躇し、誰にも知られることなく、自分の努力で何とか切り抜けたいとの思いから、即座に相談できないのが現状です。また、相談窓口が人事部に配置されていたり、相談担当者が男性であったり、相談担当者と加害者に優越的関係が存在（たとえば、加害者が会社の上位の役職にあり担当者が忖度《そんたく》するなど）していたり、加害者が雇用主とい

セクハラについての
基礎知識❼
被害者に沈黙を強いる壁

セクハラ被害への対応として「我慢した、特に何もしなかった」と答えた人が63.7%を占めました（厚労省調査、2016年）。被害者に沈黙を強いるいくつもの壁があります。

①**職場においての壁**：生活がかかっているので、解雇や不利益を受けることで生活が危うくなるかもしれない状況。
②**被害者の心理的壁**：「なぜ自分にだけこんなことが起きるのか」などと自分を責める。
③**組織や会社の対応の壁**：職場に訴える相談窓口がない。または、相談窓口に相談しても軽く扱われ、かえって会社で働きづらくなる。加害者による報復や同僚の理解不足。
④**社会の不信と偏見の壁**：被害者にも落ち度があるはず、まともな女性ならそのようなことを言えないなど、被害者を非難する社会の反応。

出所：申キヨン「#MeToo運動がもたらした変化」『女も男も』132号（労働教育センター）

う場合もありえます。

棄却理由には、相談窓口が設けられていたことをもって「相談窓口が機能していた」としていますが、現実には、相談したことで不利益が生じるのではないかという不安を与える要素を排除しなければ、相談窓口としての本来の機能を果たすことはできないでしょう。

また、先に紹介した「厚労省通知」では、セクハラの心理的負荷が「強」の場合には、その事実だけで労災認定しうるとしています。心理的負荷が「強」に修正されたにもかかわらず再審査請求を棄却したこと、会社への相談やセクハラに伴う嫌がらせなどの評価期間を発病前6カ月に限定していることなど、裁決書の判断はとうてい納得できるものではありませんでした。

最後の砦である再審査請求も棄却されました。ならば、残された道はひとつ。国を相手に裁判を提起することしかありません。

セクハラ労災認定を求めて行政訴訟を起こす

日本初のセクハラ労災裁判を起こすことを決意

国を相手に裁判を起こすことは、簡単に決断できることではありませんでした。被害だけでなく、助けを求めて相談した派遣会社や派遣先、労基署等で負った心の傷はあまりに深かったのです。加えて、セクハラ労災で行政訴訟を提起した前例もなく、これ以上傷つきたくないという思いと納得できないという思いのはざまで、心は大きく揺れていました。

会社は、私が退職したことで何もなかったことにできたかもしれません。加害者が仕事を奪われることはありませんでした。しかし、私は、退職を余儀なくされたうえ何の救済もされず、再就職もできず、被害のただ中に取り残されたままでした。仕事にやりがいを感じ、元気に働いていた私が、社会から排除されていきました。こんなことは納得できません。

ただ、私の精神状態をよく知る古川さんには、

「あなたは、今日、やると言っても、明日はやらないということもあるから、よくよく考えて」

と言われました。たしかにそのとおりです。でも、この棄却理由があまりにも理不尽で、

「訴えなかったとしたら私はどうなる?」

と考えました。納得できない自分を引きずってしまうのではないか。やはり、なぜだめなのか、なぜ認定されないのかをはっきりさせたい。

そのとき、何気なく開いた日記にあった、「心は死んでいるのに、体は生きようとしている」という言葉が目に飛び込んできました。その言葉に、「そうか、私は、セクハラで心を殺されたんだ」ということに改めて気づかされたのです。

行政訴訟をやるという結論を出したのは、時効当日でした。[*2]

「やります」と古川さんに言うと、古川さんはすぐ北海道ウイメンズ・ユニオンの近藤恵子さんに電話を入れました。じつは、ユニオンのほうですでに訴状を準備していたのです。そのころ、近藤さんは東京にいたので、訴状を持ってすぐ東京地裁に走っていったそうです。だから、弁護士もまだ決まっていませんでした。とりあえず本人訴訟というかたちで申し立てたのでした。

もし、私がやらないと決めたとしても、古川さんたちはその決断を受け入れたと思います。徹底して当事者主体でやってきたユニオンですから。その後の闘いについて

も、自分の思いを貫き通せた要因は、そこにもあると思います。

裁判に踏み切ったもうひとつの理由――個人の問題ではなく社会の問題

これまでの闘いの中で多くのセクハラ被害者と出会い、労災認定の壁を体験しているのは私だけではないことを知りました。その被害当事者の声が、私を後押ししたのです。

Aさんは、労基署の窓口で性暴力被害の内容を話さなければならず、話し終わると認定は難しいと言われました。日にちを改めて三度も労基署に足を運んだのですが、「心理的負荷の強度が中程度なので無理だ」と言われ、「私が死んだら労災が認められるんですか」と担当者に訴えたものの、結局、労災の申請書さえ渡してもらえませんでした。

Bさんは、労災申請をしたのですが認定はされませんでした。労基署は、その行為は上司の私的感情に基づくものであり、会社の二次会後の出来事は事業主の支配下を離れて行われたことで、Bさんが発病した精神障がいは業務上によるものではないとし、労災とは認めませんでした。当初、Bさんはセクハラ被害で労災申請ができることを知らなかったのですが、相談先で労災申請ができると知り申請。提出書類が多く、支援者がいなければ自分一人で申請手続きをすることはできなかったと話します。

認定されなかった理由は、交際などしていなかったのが交際していたとされ、上司の指示で行った二次会を業務でないとされるなど、虚偽に基づいたものでした。証拠が必要だというのであれば、いつ起こるかわからない職場での性暴力被害のために、女性社員はボイスレコーダーを持ち歩かなければならない。安全に働ける職場環境が整備されなければ、被害はなくならないとBさんは指摘します。

Cさんは、休職中に会社側へ労災申請を求めたのですが、前例がないとして断られました。その後、自分で労基署に足を運び、三度目でようやく申請書をもらい請求することができたそうです。しかし、労災は認められませんでした。理由は、上司の指示で出席した関連会社の送別会での被害だったのに、業務上のことではないというものでした。Cさんは、職場で安全衛生委員を務めており、労災の申請状況を知っていました。階段から滑ってケガをしたり、工具で少しケガをしたり、自分の不注意でケガをしても労災が認められるのに、なぜセクハラが労災と認められないのか。疑問に思ったCさんは、棄却され続けても再審査請求まであきらめずに闘ったのです。しかし、関連会社の送別会での出来事は業務外だとされたことは変わらず、会社側の言い分だけが通り、労災は認められませんでした。

職場でセクハラ被害にあっても、声をあげることができない被害者はたくさんいます。そして、被害者の多くが働く権利を奪われ、経済的困窮だけでなく、精神的後遺症により安心した日常生活を送ることも困難な状況下に置かれているのです。

それなのに、まさに命綱である労災が認められず、被害者だけが、なぜ、身を削るような生活を余儀なくされるのか。それは、セクハラが性暴力であること、性暴力被害の実態（100頁コラム、111～118頁参照）が理解されていないからではないでしょうか。

行政訴訟を起こす決意を後押ししたのは、こうしたセクハラの被害者一人ひとりの声でした。私は、最初、自分の被害を個人的な問題としてとらえていました。でも、そうではなかった。個人の問題ではなく、社会の問題だったことに気がつきました。それが行政訴訟に踏み切る原動力となりました。そして、この行政訴訟は、国が労災を認めただけでなく、セクシュアルハラスメントの労災認定基準の見直しに向けて大きく動き出すきっかけとなったのです。

国が労災と認める

2010（平成22）年1月20日、日本で初めて、セクハラ労災で国を相手に裁判を起こしました。舞台は、東京地裁。労災補償給付不支給決定取消訴訟です。当初、弁護士もないまま本人訴訟で起こした裁判でしたが、支援者の働きかけのおかげで、やっと「日本労働弁護団セクシュアル・ハラスメント被害対策ＰＴ」のメンバー（弁護士・橋本佳子さん、水野英樹さん、圷由美子さん、雪竹奈緒さん、板倉由実さん）が引き受けてくれたときはホッとしました。

この裁判では、不支給決定および審査請求、再審査請求で棄却された理由に対する反論が行われます。田村氏によるセクハラ行為は、心理的負荷が「強」に当たるものであり、それを軽減する事情はないこと。「職場にはセクハラ相談窓口が設置され、システムとして機能し支援できる体制であった」という被告（国）側に対する反論。派遣会社や派遣先に相談したときの対応についてなど、事実に即して一つひとつ採決書の誤りについて、指摘していきました。

しかし、この裁判は、２０１０年11月、国側が判決を待たず労災を認めたことで、翌年３月に訴訟の取り下げを行うことになります。

全国の女性団体との交流

１月に行政訴訟を起こすと、３月には呼びかけ団体（働く女性の全国センター*3、ＮＰ

O法人全国女性シェルターネット[4]、NPO法人日本フェミニストカウンセリング学会[5]、北海道ウイメンズ・ユニオン）が結成され、働く女性の全国センターの総会などで支援を訴えるなど活動の輪が広がっていきました。

3月15日の第1回口頭弁論の終了後には、衆議院第二議員会館で、裁判支援呼びかけ団体主催の院内集会が持たれ、全国の支援者のほか、国会議員や議員秘書、厚労省の担当者などの参加もみられました。北海道ウイメンズ・ユニオンからの経緯報告に続き、弁護団の板倉由美弁護士、裁判で意見書を出してくれた井上摩耶子さん（ウィメンズカウンセリング京都代表）からの話がありました。

板倉弁護士は、本件の労災不支給の背景にある精神疾患の労災認定基準で、出来事の評価期間を発症前6カ月としていることについて、「発症時期の認定基準が不明確なまま本件のように初診日を発症時期と認定する傾向があり、早期に通院するほど不利」になっているが、「2009年の改正通達[6]でも総合評価を行う際の視点として、出来事後の心理的負荷がどの程度持続し、拡大、改善したかを検討するものとしている」と指摘。さらに、発症後の出来事の心理的負担が「強」となっても労災対象外になったことは2005年の「厚労省通知」（84頁参照）を無視していると問題視しました。

井上さんも、職場におけるセクハラは被害が長期反復、継続する傾向がみられること、また、相談窓口や周囲の人たちの無理解による二次被害も起きていると話し、被害者の心理的回復には時間がかかり後遺症のため退職を余儀なくされ、経済的困窮に陥るケースもあることから、労災を視野に入れた運動が必要と話しました。

回復への道のり

そばにはいつも支えてくれる人がいた

じつは、労災申請をした2007年ごろはもちろん、審査請求、再審査請求、行政訴訟へと向かう間も、ずっと症状の悪化は続いていましたが、いつもそばには支えてくれる支援者たちの存在がありました。

実家から出たあと、移り住んだステップハウスには2週間ぐらいいて、その後、古川さんたちが紹介してくれたアパートに移ります。買い物にも行けず、力仕事などできない状態ですから、引っ越しはほとんど支援者がやってくれました。アパートに移ったあとも、サポートしてくれる人が、「近くまで来たから」と立ち寄ってくれました。あとで聞いたところによると、ガスレンジに焦げた野菜の鍋が放置してあり、そばで私は寝ているというようなこともあったそうですから、心配した支援者たちが、ついでに立ち寄ったふうを装い、様子を見にきてくれていたのでしょう。

２００９年ごろには、ハローワークの就労支援で特別老人養護施設（略称：特養）のヘルパーの仕事をしたり、その後はＤＶ支援でシェルターを出たあとの子どもたちへのサポートなどもしていました。特養で働いているときも、男性に話しかけられたりしましたが、動揺して体が硬直すると、すぐ友人や支援者に電話をして気持ちを伝えました。何かあると、すぐ電話をできる人がいたのはとても心強かったです。

審査請求や行政訴訟にいたる２０１０年ごろには、全国のさまざまな集会で支援を求めて話をするようになっていくのですが、いつも古川さんがそばについている状態でした。２０１０年９月に「性暴力禁止法をつくろうネットワーク」[*7]の全国縦断シンポジウムの第一回が札幌であり、函館から列車で行くときもそうでした。極力、他の人と接しなくてもいいように窓側の席は私、通路側は古川さん。サポートのしかたも、おしつけがましくない。「佐藤さん、奥の席でいい？」と、自然な感じで気を遣ってくれていました。そのときはまったく意識していませんでしたが、今思えばゆったりと構えてさりげない支援で、私を緊張させない環境をつくってくれたのだと思います。ときには、集会で話している最中に言葉が出なくなって、古川さんに代読してもらったこともありました。

　また、東京での会合から帰るとき、古川さんが同行できず一人で飛行機に乗ったことがあります。隣に男性が座ったので「あっ、嫌だ」と思ったのは覚えていますが、その後は記憶がなく、気がついたのは翌日です。コートを着たままアパートの部屋で寝ていました。空港から車を運転して帰ってきたことも覚えていません。話を聞いた古川さんは真っ青に。そんなこともあったので一人で行かせられないと、集会に行くときはいつもそばにいてくれたのだと思います。

光は女性運動の中にあった

　つらい症状を押して出ていた集会ですが、そこで出会った人たちによって視野がぐんと広がりました。これまで被害にあったことの苦しさや痛み、悔しさをわかってくれない人たちの中にいたのに、全国から集まった人たちが共感と支援の声をあげてくれる。彼女たちは、セクハラを女性の問題、人権の問題、労働の問題としてとらえ話してくれるので、自分が抱えている問題の本質に気づくきっかけになりました。

　人権が尊重されず、働き続けることができなかったのはなぜだろう、その構造的な原因をひも解く道は、彼女たちが放つ言葉の中にあるのではと、集会に出るたび感じるようになりました。そうか、この社会で女であることはこういうことなんだ、というのが見えてきました。性別役割の分担や差別的な意識が日常化され、支える者としての女の役割が職場や家庭で当たり前のように求められる世の中なんだ、と。子どものころから持ち続けていた女性だけがさまざまな制約を受けることへの疑問も晴れていきました。もちろん、先にも触れたようにセクハラ被害の当事者たちとの出会いも、大きな力となりました。

当時のことを振り返ると、真っ暗なトンネルの中にいる私に、彼女たちが、「ここだよ」と出口への光を照らしてくれたように感じています。光は、女性運動の中にありました。当時もそうでしたが、今でも、全国のシェルターネットの人たちや女性ユニオンの先駆者たちをリスペクトしてやみません。

（＊1）地方裁判所で実施されている労働トラブルの解決システム。裁判官のほか労使の団体から選出された労働審判員が、3回の期日以内に調停での解決をはかる。調停が成立しない場合には、審判（訴訟の判決に当たる）を下す。

（＊2）行政訴訟は、再審査請求が棄却されたことを知った日から6カ月以内に起こすとされている（図3-2参照）。この期間が過ぎると裁判を起こすことができない。

（＊3）女性が元気に働き続けるために活動することを目的に、２００７年1月発足。働く女性のホットラインを実施。http://wwt.acw2.org/

（＊4）ＤＶ被害当事者を支援する民間団体の全国ネットワーク。http://nwsnet.or.jp/

（＊5）フェミニストカウンセリングの視点・理論に基づいて、女性の問題解決をサポートしようとする人々が、互いに学び合い、行動する場。http://nfc505.com/

（＊6）「心理的負荷による精神障害等に係る業務上外の判断指針」の一部改正が行われ、ストレスの要因となる職場の出来事として「ひどい嫌がらせ、いじめ、暴行を受けた」「達成困難なノルマが課せられた」など12項目が追加されるなどの見直しがされた。

（＊7）性暴力をなくし、被害者の権利が守られる法制度を求めて活動している。http://svkinshiho.blog.fc2.com/

コラム❷

セクハラ被害者の心理状況
――フェミニストカウンセラーの立場から

周藤 由美子

被害者はなぜイヤと言えないのか

セクハラ被害者が相談したり、告発したりした際に、必ずといっていいほど「なぜイヤと言わなかったのか」「なぜ抵抗できなかったのか」など被害者の行動が責められる。しかし、職場の上司や先輩など、これからも一緒に仕事をしなければならない関係の中で、「あなたの行動は迷惑です！」「それはセクハラなのでやめてください」などときっぱり拒否できるだろうか。中には「俺に逆らったら干されるんだぞ」と日ごろから自分の権威をひけらかしているケースもあり、そこで働き続けようと思っている被害者にとっては、できるだけ相手の機嫌を損ねないように日々を過ごすことが最優先になっているのだ。

セクハラを受けた被害者の加害者への対応で典型的なパターンは、「イヤだということをそれとなくわからせよう」というもの。相手からの性的働きかけが不快であると明確に伝えることは相手を怒らせてしまう危険性が高いので、「それとなく」わかってもらおうとする。誘われても「その日は用事があります」「体調が悪いので」などと別の理由をつけて断る。何度か理由をつけて断れば、「気が進まない」ということが伝わって、あきらめてくれるのではないかと考えるのだ。しかし、セクハラの加害者になってしまう人は、このような「間接的で婉曲な拒否のメッセージ」を「拒否された」とは受け取らない。「恥ずかしがっているのだ」「じらしているのか」もしくは「本当に用事があるのだろう」などと自分に都合がいいように解釈してしまう。そしてあきらめることなく誘いかけ続けるので、被害者は「あまり断り続けるのも申し訳ない」「一度だけでも誘いに応じたら相手も納得してくれるだろう」と応じてしまう。そうすると加害者は、自分の権威や身分が被害者に及ぼすパワーや、しつこい誘いかけのことは忘れてしまって「彼女もその気なのだ」と解釈する。これが、セクハラがなくならない要因ともいえる。

「迎合メール」とは

被害を相談したり告発したりした際に、「なぜもっと早く相談しなかったのか」と被害者が責められることもしばしばある。しかし、その職場で働き続けたいと思っている被害者は、「おおごとにしたくない」「加害者から仕返しされるのではないか」「自分の被害を信じてもらえないかもしれない」「噂になって働きにくくなるかもしれない」などさまざまな理由で、すぐに相談することはできない。各種のセクハラ調査でも、誰にも相談していない人の割合は非常に高くなっている。

誰にも相談できずひとりで抱え込んでしまう中で、被害が1回で終わらず、継続してしまうことも少なくない。2010年に日本フェミニストカウンセリング学会がフェミニストカウンセラーを対象に行った調査において、被害が一定期間継続していたケースが「あった」と回答したのは、回答者30名のうち27名を占めた。

そして、継続した被害にあった被害者は、第三者から見ると、本当に嫌だったらそんな行動はとらないのではないか、本当は合意のうえの不倫関係だったのではないか、などと誤解されてしまう行動をとることもある。その代表的なものがいわゆる「迎合メール」である。前出の調査でも、被害者が加害者に「好意」を寄せているように読み取れる文面の手紙や葉書、メール等を送っていたケースの有無を質問したところ、回答者30名のうち19名が「あった」と回答している（その他無記入など3名）。具体的な事例としては、「相手を怒らせないように相手の意に沿うようなメールを送っていた」「相手から不利益を被らないように相手を褒めたり感謝しているというようなメールを送っていた」「相手を怒らせないように『また明日よろしくお願いします』『やはりあなたはいい人ですね』などとメールしていた」などがあげられている。

この「迎合メール」については、２０１１年12月に厚生労働省が新たに策定した「心理的負荷による精神障害の認定基準」の中に、「迎合メール」等を送ったことをもって被害ではないと認定することは誤りであると指摘された（１２９頁参照）。

なかったことにしたい

被害者は、被害にあっている最中はそれを「なかったことにしよう」「誰にも知られたくない」と被害を「否認」して、何事もなかったかのように仕事を続けていることもある。そうすると後になって被害のことを知った周囲の人は、「被害にあっているなんて気がつかなかった」「被害にあっていたなんて信じられない」と反応する。

継続した被害にあっている間は、自分の感情や感覚を自分から切り離す「解離」という状態になり、自分自身を守っていることがある。その当時の記憶があいまいだったり、すっぽり記憶が抜けていることもある。

しかし、体調が悪化したり、他にも被害者がいることがわかるなど、何かのきっかけでそれ以上耐え続けることをやめ、被害を相談したり、告発する決意をする。すると、とたんに被害者は症状を顕在化させ、職場に行くことができなくなったり、日常生活を送ることも困難になってしまうことも少なくない。周囲の人間からすると、以前は普通に加害者とも一緒に仕事をしていたのに、急に顔も合わせられないなんて嘘なんじゃないか、と状況を理解してもらえず、被害者はますます追いつめられていく。

さまざまな後遺症

セクハラ被害の後遺症としては、PTSD（65頁参照）やうつ、パニック障害、自殺念慮、摂食障害、身体症状などさまざまなものがある。よくあるのが「男性が怖い」「人が信じられない」「外に出るのが怖い」などの症状である。

これはPTSDの「回避」などの症状であり、本人の意思でコントロールすることはできないのだが、無理をしてがんばってしまうことがある。佐藤かおりさんのように、セクハラによって職場を退職せざるを得なくなっても、生活のために再就職を急ぎ、結果として症状が悪化してしまい、治療に専念しなければならない時期が長引いてしまうこともあるのだ。

「あなたは悪くない」というメッセージを送る

セクハラなど人から受けた被害は、人との関係の中で回復していくと言われている。「なぜ拒否できなかったのか」「なぜすぐに訴えなかったのか」「そんな行動をとっていたのだったら合意だったのだろう」などと周囲から理解されず、責められるような言動を受けるのを「二次被害」と言う。この二次被害は、被害者にとって一次被害以上に深刻な打撃を受け、回復を長引かせるものだと言われる。

逆に言えば、周囲が被害者に対して「あなたは悪くない」「あなたは一人ではないよ」というメッセージを根気強くシャワーのように浴びせていけば、被害者は早期に回復することも可能なのだ。

被害者心理を理解したうえでの支援体制を

佐藤さんのセクハラ労災申請、裁判の過程で、傍聴や意見書作成などの支援に加わらせていただいた。性暴力禁止法をつくろうネットワークやパープル・ユニオンなどで、女性や子どもに対する暴力を許さない法制度整備に関わる院内集会の開催やロビー活動も一緒に取り組んできている。

今の社会において、セクハラ被害者の心理状態への理解はまだまだ十分とは言えない。職場でのセクハラの調査や事実認定において、担当者が被害者の心理状態や対処行動についてきちんと理解していなければ、合意のうえの関係だったなどと間違った判断をされてしまう可能性もある。２０１８年の財務省セクハラ事件のように当事者が別の組織に属している場合もあるので、第三者の専門機関が公正に事実調査・認定を行える制度が必要である。そして、裁判所や労基署などセクハラを判断する機関の担当者に対して、具体的な事例に基づき被害者心理を理解できる研修を行うことが重要だ。また、セクハラ被害の後遺症からの回復には時間もかかることから、生活面での心配をせずに治療に専念できるような中長期的な支援体制が求められている。

第4章

セクハラ労災認定基準の見直し

当事者の声を反映するセクハラ分科会設置

女性問題に詳しい法学・医学の専門家が参集

２０１０年10月から、厚労省で「精神障害の労災認定の基準に関する専門検討会」（以下、検討会）が開催されました。この背景には、１９９８年に自殺者が3万人を超え、10年経っても高止まりしているという日本の状況がありました。労災請求件数も、１９９８年度は42件であったものが、２００９年度には１１３６件へと激増。精神障がいの事案の審査には、平均して約９カ月もの期間がかかること、早期の労災認定が厚労省の自殺・うつ病等への対策の一環として位置づけられたこともあり、労災請求に対する審査の迅速化を進めるために、労災認定の基準を改訂することになったのでした。

しかし、この検討会では、職場の性暴力であるセクハラに関する視点が盛り込まれていませんでした。そこで、２０１０年1月に起こした行政訴訟で支援してくれた「呼びかけ団体」が、同年10月に厚労省に対して要望書を提出。セクハラ被害に起因する精神疾患についての労災申請数・認定数が少ないのは、セクハラ被害に特有の事情が認定作業においてきちんと理解・反映されていないことが原因だとして、検討会の中にプロジェクトチームを設置し、実効性のある判断指針の策定にむけて議論することを求めました。

「呼びかけ団体」が院内集会を開催するなどして各方面に働きかけた結果、「セクシュアルハラスメント事案に係る分科会」（以下、セクハラ分科会）が設置されることになりました。この分科会には、職場のセクハラの実態を把握したうえで、それを精神障がいの労災認定の基準に活かすことを目的に、セクハラをはじめとする女性問題に詳しい法学、医学の専門家が参集しました。山口浩一郎さん（座長、上智大学名誉教授）、戒能民江さん（お茶の水女子大学名誉教授・客員教授）、加茂登志子さん（東京女子医科大学女性生涯健康センター所長）、黒木宣夫さん（東邦大学医療センター佐倉病院精神医学研究室教授）、水島郁子さん（大阪大学大学院法学研究科准教授）の5人です（肩書は当時のもの）。

当時の厚生労働副大臣は、小宮山洋子さん。小宮山さんはセクハラ問題に以前から関心を持っている方で、被害者の声を聴くような集会にも協力・参加しており、この分科会の設置について尽力してくれました。

セクハラ分科会は、2011年2月から6月の間に5回にわたって開かれ、支援に携わる人たちからのヒアリングも行われました。私は、毎回、この分科会を傍聴しました。

セクハラ特有の事情や課題を提案

２０１１年2月2日に開かれた第1回セクハラ分科会では、まず、「想定されるセクハラ事案特有の事情と課題」として、次の点が事務局から提起されました。

- 客観的証拠がなく、加害者がセクハラであることを拒否するケースがあること。
- 被害者がセクハラ行為の詳細を知られたくないという思いから陳述を拒んだりするおそれがあること。
- 被害の事実を思い出すことによって精神障がいが悪化する場合があること。
- セクハラの態様はさまざまで心理的負荷の強度も弱いものからきわめて強いものまで幅広く存在するため、心理的負荷の強度の認定が難しいこと。
- セクハラに加えて加害者や周囲の者からのいじめや嫌がらせの行為がある場合や、被害者が会社に訴えた後、社内で一定の対応がなされる場合・なされない場合の評価が難しいこと。

そのうえで、「考えられる論点」として、図４－１に示した項目が提示されました。

図4-1　考えられる論点

（1）セクシュアルハラスメントによる精神障害の認定の基準について

①「セクシュアルハラスメントを受けた」という出来事の平均的な強度についてどのように考えるか

②強姦、強制わいせつ等のとくに心理的負荷が強いセクシュアルハラスメントの取り扱いについて、明確にしてはどうか

③繰り返されるセクシュアルハラスメントを適切に評価するために、どのような方策をとるのが適当か

④6カ月より前に発生したセクシュアルハラスメントが原因で業務上と認められる精神障害はあると考えられるか。このような事例があるとしても、発病前おおむね6カ月の出来事の評価を適切に行うことにより、対応することができるのではないか

⑤セクシュアルハラスメント事案において起こる複数の出来事のうち典型的なものについて、総合評価の方法を具体的に示すことができないか

⑥出来事後の状況のうち典型的なものについて、どのように評価する、あるいは評価しないことが適切か。明らかにすることができないか

⑦どの程度の事実関係が確認できれば、心理的負荷の強度を適切に判断できるか

（2）セクシュアルハラスメントによる精神障害の労災認定にあたっての運用について

①相談や請求を控える場合があるとすれば、その原因は何か。これを解消するために、どのような方策をとることが適当か（情報提供、相談・窓口の体制、請求手続きに関し、どのような工夫が必要か）

②労働基準監督署における調査を行う過程で、留意すべき事項があるか。とくに、請求人（被害者）や加害者、同僚等からの聴取の際に留意すべき事項は何か

③当事者にしか事実関係が明らかでない場合に、これを明らかにするために有効な手法はあるか

こうした点について、5回にわたる分科会で議論が展開されることになります。

さっそく戒能さんから「現在の心理的負荷評価表では、セクハラは『対人関係のトラブル』に入っているが、これは適切か。独立させるべきではないか」との意見が出され、論点に加えられることになりました。また、「運用」のところに「相談や請求を控える場合」の原因として、情報提供や請求手続きがあげられているが、むしろ、セクハラ特有の事情のほうに原因があるのではないかという指摘もされました。加茂さんからは、「セクハラの心理的負荷の評価が一般的に『中』となっていること」や「発病前おおむね6カ月の出来事を評価する」というのが妥当かどうかという意見が出されました。

事務局からは、さらにセクハラの実態を把握するため、支援団体、相談機関等においてセクハラ被害者に多数接している方からヒアリングをしてはどうかという提案があり、第2回セクハラ分科会で、支援者、カウンセラー、弁護士など4名からヒアリングをすることが決まりました。

戒能さんから「当事者からもお話を伺いたい」という意見も出ましたが、事務局の返答は「プライバシーの問題があるので難しい」とのこと。このやりとりを聞いていた私は、分科会終了後、戒能さんに「自分のことを話せます」と申し出、事務局にも要望したのですが、残念ながら実現しませんでした。結局、私がテープに録音した話を聞いてもらうというかたちになりました。

現場の生の声を伝えたヒアリング

セクハラが労災であり性暴力犯罪だという認識が欠如

第2回セクハラ分科会には、当時厚労副大臣の小宮山さんも参加し、4人の参考人からのヒアリングが行われました。ヒアリングでは被害実態や被害者に与える影響などが指摘され、その後の検討会の論議を方向づけることとなりました。

最初の参考人は、北海道ウイメンズ・ユニオンの近藤恵子さん。近藤さんの話の最初に、私が録音したテープ音声が流されました。内容は、私の被害体験、それによってどういう後遺症があったか、労災申請が棄却された理由についての疑問などです。私自身は傍聴席にいて、テープに吹き込んだ自分の声を聞くという歯がゆい状況でしたが、セクハラ分科会委員の方々に、直接当事者の声を届けることができたことには、大きな意味があったと思います。

近藤さんは、セクハラによって職場を奪われた人がたくさんいること、また、中にはリストカットを続けたり、自死を試みたり、実際に亡くなった人もいると訴えました。これほど大きな労働災害であるセクハラについて、なぜこれまで労災認定がされてこなかったのか。その理由のひとつに、セクハラは労働災害であること、職場で起こる性暴力犯罪であり重大な人権侵害なのだという認識が欠如していることをあげました。

そして、①どういう被害実態があるのか全国調査をしてほしい、②セクハラの労災申請について専門の職員を配置した労基署を全国に何カ所もつくってほしいという2点を要望しました。

問題のある「ストレス脆弱性理論」

さらに、セクハラの労災認定の際に使われてきた「ストレス脆弱性理論」（135頁コラム参照）という考え方が、被害当事者を大変傷つけてきたと問題提起しました。これは、ストレスと個人の〝脆弱性〟との関係で精神的疾患が発症するという考え方に基づき、被害者の〝脆弱性〟を調査するというものです。具体的には、被害者が受けたセクハラという出来事と精神的な症状との因果関係を立証するため、被害者がもともと何か問題を持っていないかどうか、たとえば、成育歴や性格傾向、過去の性暴力被害などが尋ねられますが、被害者にとって、とてもつらいことです。

近藤さんは、これは「百害あって一利なしの調査」だと断言し、むしろ、どういう被害を受けたか、被害によって起こっている現状、症状の実態や就労ができなくなっている状況こそを判断基準にしてほしいと強調しました。欧米では、性暴力犯罪の被害者が裁判を受けるときに、「レイプシールド法」という法律があって、過去の性体験を問うてはならないという決まりがあるそうです。このシステムについても紹介され、労災申請の際の聴取においても、聞いてはいけないことを決めるべきだと話しました。

参考人の報告のあと、セクハラ分科会委員との質疑応答が行われました。

「セクハラ強姦」は一生涯にわたる心の傷を与える

次の参考人は、井上摩耶子さん。フェミニストカウンセラーで、ウィメンズカウンセリング京都の代表です。井上さんは、「セクハラ強姦」について報告しました。

井上さんは、「セクハラ強姦」は、現在、心理的負荷評価表の中で「対人関係トラブル」に分類されているが、「事故や災害の体験」という出来事の類型に入るのではないかと提起します。「事故や災害の体験」とは、最も心理的負荷が強いと評価されている類型です。レイプは、殴られた、蹴られたということとは決定的に違う性格を持つ暴力です。ＡＳＤ（急性ストレス障害）やＰＴＳＤ（65頁参照）といった精神疾患のほかに、男性が怖い、セックスができないという状況に陥ることもあります。

さらに、「セクハラ強姦」を打ち明けることの困難さについても説明。とりわけ、尊敬する上司などからの「セクハラ強姦」は、被害当事者にとっても、はっきりと強姦ととらえられない、何が起こったのかがわからなくなることもあるとの報告がなされました。それが、被害の継続へとつながり、ますます誰かに打ち明けることが困難になると言います。労災認定の対象期間についても、「発症前6カ月間にあった出来事により判断する」というのは、無理だろうと断言。「セクハラ強姦」を精神科医に話すこと自体が困難であるうえ、事件後1年以上経ってから受診するケースもあることなどが、その理由としてあげられました。

井上さんへの質疑で集中したのは、「被害者自身、何か起こったのかわからない」「最初の被害のあとも、加害者に会うことにより被害が継続してしまう」という点です。井上さんからは、被害者が加害者の機嫌をとるために「迎合メール」（１００頁コラム参照）と呼ばれるメールを出したり、プレゼントしたりすることがあるという被害者の心理状況についての解説がありました。こうした行動を被害当事者がとるのは、仕事を続けたい、少しでもセクハラの被害を軽くしたいとの心理が働くためとのことでした。

被害者が非正規雇用やシングルマザーの場合、より被害は大きい

3人目の参考人は、大竹弥生さん。大竹さんは、横浜市男女共同参画推進協会男女の人権相談課の職員です。横浜市には男女共同参画推進条例に基づく相談制度があります。

セクハラの精神障がい事案特有の事情として、被害者が非正規雇用者や独身者（離婚者を含む）、シングルマザーであることが多く、職業的地位の低さ、収入の低さ、生計を担ううえでの経済的困難さを抱えていること、とくに自立生計者やシングルマザーが被害を受けた場合、仕事を辞めたいと思っても辞められない状況にあると訴えました。加害者は、このような事情を抱える人を選んでいることも多くみられると言います。

さらに、被害者が相談窓口などへ行くのをなぜ躊躇するのかということにも触れました。理由は、相談したため職場内に被害の事実が明るみに出ることによって、上司や同僚から差別的対応をされ、人間関係が悪化することをおそれるからだと指摘。ま

た、相談して訴えたために職場にいづらくなって辞めることになれば、たちまち生活困難になることへのおそれもあると言います。そのようなさまざまな葛藤があって、本人の精神症状が悪化してしまうことが明らかにされました。

そのほか、セクハラ被害者への相談対応時や事実関係調査時の留意事項などについても紹介。あまりに細かく聞いたり、繰り返し聞いたりすることで、被害者は責められているような心理状況に陥ったり、被害を想起して症状悪化するおそれがあることなどを注意喚起しました。

大竹さんも、セクハラ被害を「対人関係のトラブル」とすることについて違和感があること、取り返しのつかない重大な事故や災害にも相当するものであると訴えました。

客観的基準ではなく、セクハラ被害者の特殊性を理解したうえで判断を

4人目は、弁護士の大塚孝子さんです。大塚さんからは、裁判におけるセクハラの事実認定の困難さについての報告がありました。

性的接触を伴う行為は、多くの場合、密室で行われ、職場や大学等の支配従属関係を利用して行われます。そういうケースでは、被害者が被害の最中抵抗しなかったり、

被害をすぐに訴えないことも多く、加害者から事実そのものを否定されたり、被害が継続するような場合は恋愛関係にあったなどと言われ、「意に反する性的言動」であったかどうかを争われる場合が多くなるそうです。こうした被害当事者の行動に関して、以前は、性的な行為を強要されたら抵抗するだろう、逃げればよいだろうといわれ、セクハラと認定されませんでした。しかし、１９９０年代に入ってから、支配従属関係を利用した性的言動である場合、被害者はすぐに抵抗できず、被害を訴えられないことが当然あるという考え方が、裁判所の認識となってきたといいます。そこで、労災の判断基準でも、このようなセクハラ被害者の特殊性を理解したうえで認定を行ってほしいと述べました。

「精神障害に係る判断指針」には、客観的な基

セクハラについての
基礎知識❽

「意に反する性的言動」に関する裁判上の判断の変化

セクハラをめぐる裁判で、被害者は抵抗したり逃げたりできない状況に置かれるというセクハラ特有の事情を認めた最初の判決は、横浜セクハラ事件（平成9年11月20日東京高裁判決）と秋田セクハラ事件（平成10年12月10日仙台高裁秋田支部判決）です。

その後、「合意があった」「恋愛関係であった」とする加害者側の主張をめぐって争われた事件についても、支配従属関係が存在する中では被害者はノーと言いづらいとの被害者心理の理解のうえに立って加害者側の主張を退ける判決が出されるようになりました（東北大学セクハラ事件・平成11年5月24日仙台地裁判決など）。そして、「L館事件」（セクハラ発言を繰り返した男性らが懲戒処分を受け降格されたことに対し、処分が重すぎると訴えた裁判）の最高裁判決は、「（被害者の）明確な拒否がなかった」ことをもって加害者側の主張を認めた高裁判決を覆し、セクハラ被害者の心理・状況に慮った判断を示す判決を出しました（平成27年2月26日）。

参考：圷由美子「セクハラと闘う女性たちのバトンを引き継ぎ次のステージへ」『女も男も』132号（労働教育センター）

準によって評価する必要がある、つまり、多くの人が一般的にはどう受け止めるかという基準によって評価するということになっていますが、それでは、セクハラに関する判断はできないということです。被害者の置かれた状況や被害者心理を基準にした判断基準を定めてほしいと強調しました。

ヒアリングの終了後、座長の山口さんは、「セクハラ事案の性質上、われわれが知らない実情について、非常に貴重な事実を紹介いただいた。こうした事実をふまえて議論をしなければいけないと感じた」と述べました。また、小宮山さんはあいさつのなかで、「心理的負荷の強度の問題や客観的基準が、今までの考え方では実態と合わないことが明らかになったので、そこの部分を改善する必要がある。労災認定の問題として扱えるものについては、対応していきたい」と、セクハラ分科会への期待を表明しました。

多くの被害者の声が国を動かした

白熱した議論で、見直しが進む

第3回セクハラ分科会は非公開で、これまでに労災請求のあった事案についての検

図4-2　ヒアリングで提示された内容に関する論点

①「セクシュアルハラスメントを受けた」という出来事は、「対人関係のトラブル」という出来事の類型に位置づけることが適当ではないのではないか
②前記の１（認定の基準）及び２（運用）の論点のほか、セクシュアルハラスメント事案について、とくに次のことを考慮すべきではないか
・被害者は、セクシュアルハラスメントを軽くしたいとか、勤務を継続したいとの心理から、やむを得ず加害者に迎合するようなメール等を送ることや、加害者の誘いを受け入れることがあるが、これらの事実を単純に合意の根拠としないこと
・被害から相談行動をとるまでには、長期間かかることが多いが、この事実を単純に心理的負荷が弱いという根拠にしないこと
・被害者は、相談窓口や病院で、セクシュアルハラスメントを受けたということをすぐには話せないが、この事実を単純に心理的負荷が弱いという根拠にしないこと
・加害者が被害者に対して優越的な立場にある場合、その事実は心理的負荷の強度を強める要素となること
・個体側要因の判断にあたり、被害者の過去の性暴力被害、妊娠経験等は判断要素とならないこと

討が行われました。

　第４回セクハラ分科会は、第２回分科会でのヒアリングと第３回で検討された労災請求事案をふまえ、白熱した議論が交わされました。事務局からは、第１回分科会で示された、①認定の基準に関する論点、②運用に関する論点に加え、③ヒアリングで提示された内容に関する論点がつけ加えられた資料が提出されました。③の内容は、図４－２のとおりです。
　①の「認定の基準」については、セクハラを受けたとい

う出来事の平均的な負荷の強度は、これまでどおり「中」とするが、どのような場合に「強」に変更するかが議論され、具体的には、次のようなケースが「強」に修正されることになりました。

●強姦や本人の意思を抑圧してのわいせつ行為など

●行為の態様や反復継続の程度等を要素として、

・胸や尻への身体接触を含むセクハラであって、継続して行われた、または単発であっても会社に相談しても対応・改善されなかった、もしくは会社への相談等のあとに職場の人間関係が悪化した事案

・身体接触のない性的な発言に限るセクハラであって、発言の中に人格を否定するようなものを含みかつ継続してなされた、または性的な発言が継続してなされかつ会社に相談・抗議しても対応・改善がなされなかった事案

これまでセクハラ被害は「大したことがない出来事」と評価されていましたが、このように修正されれば、実態に合った評価が行われることになるでしょう。

このほか、「心理的負荷の評価の対象になる期間をおおむね6カ月としていることは適切か」や「複数の出来事（加害者や同僚からのいじめ・嫌がらせなど）が起きた場

合の評価」、そして「はたから見たら被害者の同意があるかに見える『迎合メール』の扱い」などについても、さまざまな角度から意見が出され、議論が重ねられました。

②の「運用」においても、「被害者の立場に立って対応を行うことの徹底」や「労基署窓口で聴取にあたる専門知識を持った職員の配置、および研修の充実」などを明記することが次々と決まっていったのです。

要望書提出

6月23日の第5回セクハラ分科会では、「報告書」のたたき台が議論されることになりました。分科会での論議が、実効性ある労災認定基準の見直しにつながり、一人でも多くの被害当事者が救済されることを願って、6月20日、「呼びかけ団体」は、「セクシュアルハラスメント被害に起因する疾病の労働災害認定判断基準の見直し等に関する要望書」を、厚労省に提出しました。その内容は、図4－3のとおりです。

同日、「日本労働弁護団セクシュアル・ハラスメント被害対策ＰＴ」（私の行政訴訟の弁護団）からも「意見書」が提出されました。その内容は、①職場における心理的負荷評価表「出来事の類型」の位置づけについて、②（セクハラの）行為態様等による「具体的出来事」としての類型化、③心理的負荷の強度を修正する視点等について、

図4-3　セクシュアルハラスメント被害に起因する疾病の労働災害認定判断基準の見直し等に関する要望書（抜粋）

1．指針の見直しに向けて以下のとおり要望します

①セクシュアルハラスメント被害の心身に及ぶ後遺症の特殊性を考慮し、労災申請の時効を２年から少なくとも３年に延長すること

②初診日を発症日としておおむね６カ月の出来事に限定する認定基準を見直し、実態に合わせること

③別表２「職場以外の心理的負荷評価表」のセクシュアルハラスメントの強度について、分科会でのこれまでの論議をふまえて見直すこと。見直しが行われなかった場合も、度数のみの判断としないよう全国の関連機関に周知すること

2．被害当事者が就労できない状態にあるなど、生活の実情に着目した認定を行うこと

> ※セクシュアルハラスメントの多くの被害当事者は退職を余儀なくされ、ただちに貧困＝経済的困窮に陥っていること
> ※経済的な支援がない限り､治療回復の環境を整えることはできず、速やかな社会復帰、就労自立への道を開くことは困難であること

3．職場におけるセクシュアルハラスメントは労働災害であることを、社会的に周知徹底すること

4．セクシュアルハラスメントに起因する労働者災害補償保険の申請手続きが、安全かつ迅速に行われるよう、以下の項目について、速やかに改善すること

・労基署の窓口に､申請対象の説明にセクシュアルハラスメントの項目を追加して掲示する等、わかりやすい形で申請書類を常備すること

・申請窓口の担当者が「労災の認定は難しい」「この事例では申請の意味はない」等の二次被害を起こす事例が多く報告されている。窓口で申請の意志や時期を判断せず、二次被害を起こさない対応を徹底すること

・申請書の形式は、別紙のような必要事項をチェックする等の簡略なものにすること

・窓口ではなく、申請者の安全のために別室での対応をはかること。また、必要な場合は、職員が申請者の安全を配慮した場所に出向いて申請手続きを行うこと

・セクシュアルハラスメント被害当事者の精神的負担を軽減するため、研修を受けた女性の専門担当者を配置すること

・申請者の意向を尊重して、支援者等の同席を認めること

・申請者の心身の状況を配慮して、長時間にわたる聴き取り等を避け、複数回に分けて行うなど配慮すること

・成育歴、異性との交際歴、結婚歴、他の疾病による通院歴等、申請事案に無関係な項目の聞き取りをしないこと

④特別な出来事について、⑤「心理的負荷の強度の修正等の目安（案）」について、⑥対象期間について、⑦発病後の心理的負荷による悪化について、⑧事実認定について、⑨労災請求および事実調査における被害者の精神的負担の軽減および二次被害の防止について、の9項目です。

この「意見書」にも、「出来事の類型」に「セクシュアルハラスメント」の独立した項目を設けるべきであること（①）、加害者や使用者側の「合意の抗弁」や「恋愛の抗弁」、被害者が誰にも相談していないこと等はセクハラの有無の判断要素とすべきではないこと（③、⑧）、評価期間について「発症前」の出来事は、少なくともおおむね1年間とすべき、さらに1年より前から継続しているセクハラについては、さかのぼって一体のものとして評価すべき（⑥）、過去の性的経験の有無、異性との交際歴は、特段の必要性が認められない限り調査項目としないこと（⑨）、などが盛り込まれていました。

「報告書」たたき台をめぐって

評価期間を「発病前6カ月」とするのは適当か

事務局が提案した「報告書」のたたき台には、ヒアリングやこれまでの議論をふまえた改善点が書き込まれています。この段階で、私たち被害当事者の要望がかなり盛り込まれていますが、分科会の委員たちは、これで満足せず、さらに実効性のある認定基準にするために、とりわけ戒能さん、加茂さん、そして小宮山さんも加わって、熱い議論が繰り広げられました。

まず、戒能さんからは、①「評価表での位置づけ」について、セクハラの特性を考慮して、「対人関係のトラブル」ではなく、「独立した項目とすることを検討すべき」という文言を入れること、②今回は認定基準が大幅に見直されることから、労災認定を担当する職員の研修を行うこと、そして、③新しい基準が適切に運用されているかどうかについて事後評価を行うこと、をつけ加えることが提案され了承されました。

白熱した議論になったのは、心理的負荷の評価期間を「発病前おおむね6カ月」としていることと、「個体側要因」の検討にあたって生活史（成育歴）や性格傾向などを確認すること、この2点についてです。

評価期間については、小宮山さんが「呼びかけ団体の要望の中で1番目に6カ月という期間を見直してほしいというのが出ている。たたき台では『6カ月以上前にセクハラがあって発病直前の6カ月には当該行為がないものはなかったことから、これを維持することが適当である』と断定的に書かれているが、本当にこれでよいのか」と発言。座長である山口さんが、「臨床の問題なので、どの時点で発症したと判断するかは微妙だが」と前置きをして、「たとえば出来事が発症の5年前という例もあるが、よく見ればその5年間には何もないということは少ないという意見が出された。それで『医療機関への受診時期が当該出来事から6カ月よりもあとになる場合もあることに留意すべきである』と注を入れることになった」と説明。また、加茂さんからは、「遅発性のPTSDがあるので、その文言を入れるだけでは実態に合わないものも出てくる。ただ、遅発性のPTSDに関しては精神科医の中でも議論のあるところなので、どうするかは課題として残るのではないかと思う」との意見が出されました。

これに対して小宮山さんが「遅発性のPTSDなどの問題点があるということを、どこかに留意事項として書いておいていただけると、今後知見が積み上がれば、検討の余地が出てくると思う」と指摘。「遅発性のPTSDについては、今後の検討課題であるとの意見もあった」などの注を報告書に入れることになりました。

「個体側要因」をめぐって激しいやり取り

もうひとつの争点は、「個体側要因」をめぐってです。「個体側要因」というのは、被害者の側の要因（既往歴、生活史〈社会適応状況〉、アルコール依存状況、性格傾向など）が精神障がいに関係しているかいないかをみるというもの。厚労省発行のパンフレットでは、「精神障害の発病についての考え方」を図4-4のように説明しています。

私自身、労災申請にあたって家族が呼ばれ、成育歴についての聞き取りが行われたことに母ともども大きな苦痛を感じていたことは、すでに述べたとおりです。「呼びかけ団体」が提出した要望書にも「成育歴、異性との交際歴、結婚歴、他の疾病による通院歴等、申請事案に無関係な項目の聞き取りをしないこと」とあり、戒能さんも「成育歴というのは聴く必要のあることですか」と、鋭く質問。これに対して事務局と山口座長が、「もともとの『判断指針』の中に、業務上の負荷と、業務外の負荷と個体側要因という3つの要因をみるということが入っている」と答えましたが、小宮山さんが、「全体の精神障がいの評価の方法になっているかもしれないが、セクハラの場合は必要ないのでは？」と反論しました。

事務局は「『検討会』でも個体側要因の問題については議論になったが、これは必要だという結論になった」と説明しましたが、「（そうだとしても）セクハラ事案に係

図4-4　厚労省の「精神障害の発病についての考え方」

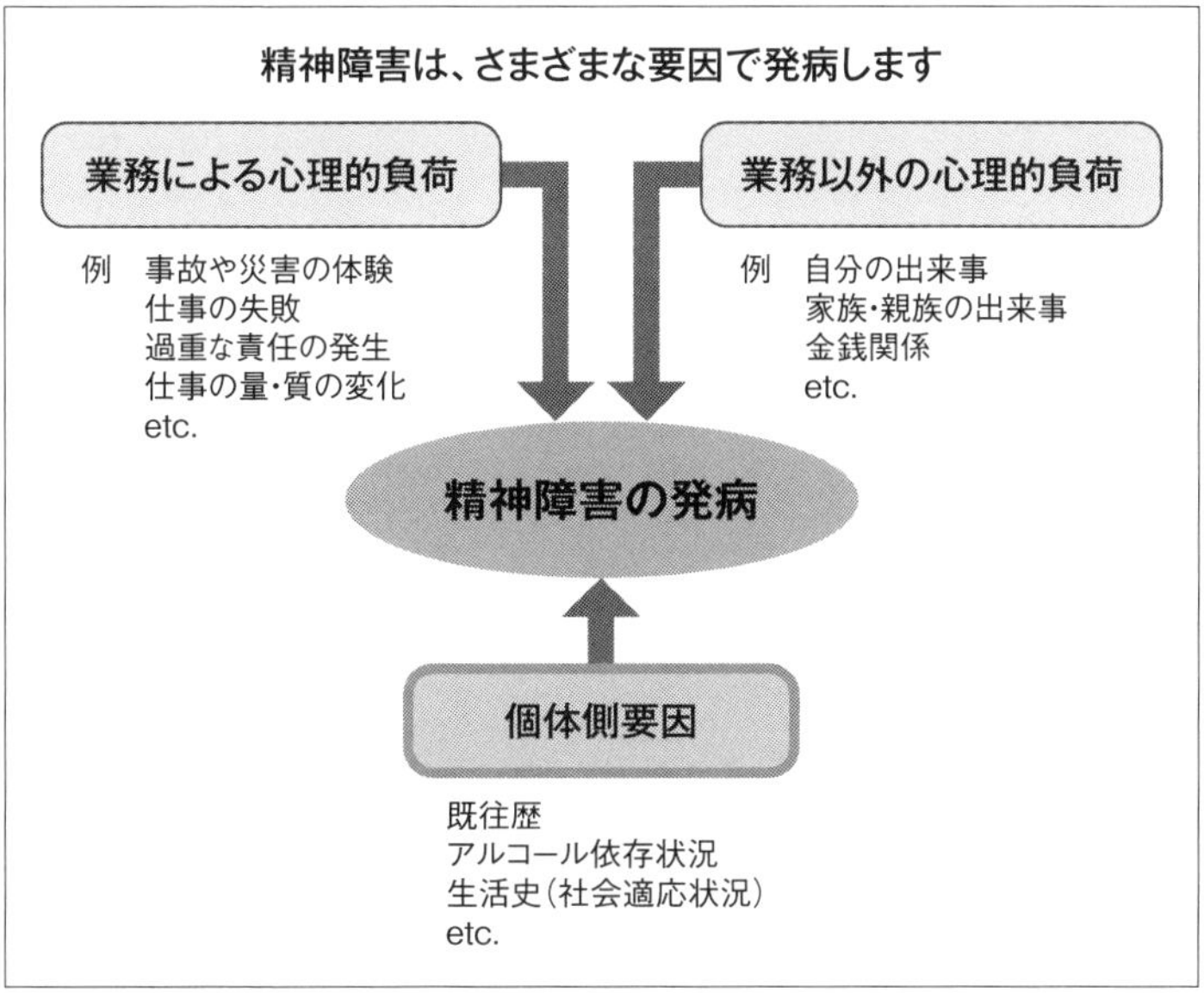

出所：厚生労働省「精神障害の労災認定」より

る分科会の意見として、『セクハラの場合は個体側要因は必要ない』という報告書にしてはどうか」と、小宮山さんは引きません。水島さんから、「セクハラ事案の聴取の場合は、こういったことは関係ないので聴かないように、とすればよいのでは」との提案があり、これについては「認定の基準」ではなく、「運用」のところに、「認定に必要な事項以外の聴取や、必要以上に詳細な内容の聴取を行わないよう、また、繰り返しの聴取にならないよう考慮すること。たとえば、個体側要因については、被害者の過去の性暴力被害、妊娠経験等は判断要素とならず、成育歴、職歴についても、社会適応状況の確認に必要な程度を超えないよう留意すること」を入れることになりました。

「個体側要因」が判断基準のひとつとなっていることの問題性については、今後の課題として残されましたが、かなり踏み込んだ留意事項が入ることになったのです。

私たちの声が届いた——「セクハラ事案に係る分科会報告書」まとまる

私は、5回にわたるセクハラ分科会のうち、非公開の第3回を除くすべての分科会を傍聴しましたが、途中で何度も流れる涙を止めることができませんでした。こんなふうに被害当事者の声をきちんと聴いて、議論してくれていることが、とてもうれしかったのです。大学の先生に会うことも初めての私にとって、当事者が訴えたことを、どうやって認定基準に反映していくか、委員の方々が真剣に考えてくれている様子をみて、「そうか、私たちの声がこんなふうに届くんだ」と知ったことは大きな力になりました。次々と、私たちが提出した要望がかたちになっていくわけですから。

以前、別の法律改正の審議を傍聴したときは、2時間枠なのに、40分くらいで終わ

図4-5　精神障害の労災認定の基準に関する専門検討会
　　　セクシュアルハラスメント事案に係る分科会報告書の概要

検討会の目的等

○セクシュアルハラスメント事案については、その性質から、被害者の労災請求や労働基準監督署での事実関係の調査が困難となる場合が多いなどの、他と異なる特有の事情がある。
○「精神障害の労災認定の基準に関する専門検討会」の下、平成23年2月から「セクシュアルハラスメント事案に係る分科会」を開催。上記の特有の事情を踏まえた精神障害の労災認定の基準やその運用の在り方について検討結果を取りまとめ、専門検討会に報告。

検討結果

認定の基準について

○セクシュアルハラスメントの心理的負荷を「強」と評価する要素（行為の態様やその反復継続の程度等）を具体的に提示
・胸や腰への身体接触を含み、継続して行われた事案
・発言が継続し、会社が把握していても対応・改善されなかった事案　等
○強姦等は、それだけで心理的負荷が「強」となることを明示
○行為が発病前おおむね6か月（評価期間）以前から続いている場合は、開始時からの行為を一体として評価
○いじめ・嫌がらせを伴う場合、心理的負荷をより強いものに修正
○その他留意事項の明示
・行為者に迎合するメール等をもって被害者の同意があると安易に判断しない
・行為者と被害者の立場（正規・非正規等）を考慮する　等
○心理的負荷評価表での分類を、「対人関係のトラブル」から独立させることも検討

運用について

○わかりやすいパンフレットの作成、関係機関等への配布
○被害者の心情を十分に考慮した懇切丁寧な窓口対応、職員への研修と専門知識を有する者の育成・配置
○関係者からの聴取等の調査に当たり、プライバシー保護、被害者の負担軽減等に留意

るというようなこともありました。ところが、今回の分科会は、時間ぎりぎりまで、熱い議論が交わされている。事務局から「もう、お時間になりましたけど」と催促が入るというような状況でした。こんな体験は初めてでした。

こうして、「セクシュアルハラスメント事案に係る分科会報告書」は、2011年6月28日にまとめられ、公表されます。被害実態に即した、被害者の経験が反映された労災認定基準見直しを実現させたのです（「報告書」の概要は図4-5を、全文は【巻末資料2】参照）。

これは、セクハラ分科会委員だけではなく、当事者を含む女性たちの粘り強い運動の成果です。分科会最終日の光景と、「私たちが制度を変えた！」という鳥肌が立つような興奮を私は忘れません。多くの被害者の声が国を動かした瞬間でした。

「報告書」をふまえ、新しい認定基準が定められる

この報告書は、「精神障害の労災認定の基準に関する専門検討会」に提出され、2011年12月に、厚労省は新しい「心理的負荷による精神障害の認定基準」を定めました。

これに先立ち、10月18日、「呼びかけ団体」は、厚労省「検討会」宛に「精神障害

図4-6　精神障害の労災認定基準の見直し等に関する要望書（抜粋）

1、精神障害の心身に及ぶ後遺症や即座に声にあげにくい特殊性を考慮し、労災申請の時効を現状の2年から少なくとも3年に延長すること
2、精神障害の回復過程の特質を鑑み、休業給付期間の算定方法を見直すこと

※社会復帰を試みるも一進一退を繰り返し、状態が安定せず、退職し、療養を余儀なくされる当事者がほとんどである、そのような実態を理解した上で、短期就労後以降について通院日のみを休業給付期間とするのではなく、回復過程に基づいた算定をすること

3、労働者災害補償保険の申請手続きが、安全で迅速に行われるよう、以下の項目について改善すること
・申請者の心身の状態によっては、労働基準監督署に出向き申請することが困難であることに配慮し、郵送による各申請書（休業・療養・移送）の要求やホームページからのダウンロードを可能とすること。

※現行では、療養補償給付のみホームページからダウンロード可能であるものに対し、すべての申請書もダウンロード可能とすること

・支援団体等からの依頼により申請書一式を支援団体事務所に置くこと
・セクシュアルハラスメントの専門相談窓口のある労働基準監督署を置くこと
・精神障害における申請においては、医師・事業主の証明が困難な場合が多く、各労働基準監督署からの依頼を徹底すること
・申請者への聞き取りについては、申請者の精神的な負担の軽減と意向を尊重し、支援者等の動向や、労働基準監督署の担当者が申請者の求める場所に出向くなどの配慮を講ずること
4、当事者が退職を余儀なくされ、ただちに経済的困窮に陥っていることから療養費の軽減をはかること
・全国に精神科、心療内科の労災指定病院を増やすこと
・労働基準監督署の担当者から、労災指定病院以外での受診をした場合、健康保険や自立支援医療制度を使わず、療養費10割の立て替えを求められる。しかしながら、就労困難な状況にある当事者にとっては大きな負担となるため、仮給付ができるようにすること
・仮に申請者が療養費の立て替えをした場合、療養の費用請求手続きを簡略化し、健康保険協会等からの請求書の提出については、各労働基準監督署が行うものとすること
5、各労働基準局において、被害当事者および支援者などが参加した研修を実施すること
6、労働災害保険が適切に運用されるために、第三者機関としてオンブズマンを設けること

の労災認定基準の見直し等に関する要望書」（図４-６）を提出します。時効の延長などは、新しい認定基準に盛り込まれませんでしたが、「労災申請の各申請書の郵送やホームページからのダウンロードを可能とすること」などの要望は、新しい認定基準の公表を待たず実現しました。

　新しい認定基準では、セクハラは、「対人関係のトラブル」の中の一項目ではなく「セクシュアルハラスメント」という独立した

セクハラについての基礎知識❾

労災申請をするには

以下は、労災申請（労災請求）のしかたについてのリーフレットの一部です。2011年12月、新しい「労災認定基準」が定められて以降、労災申請時の窓口対応も大きく改善されています。

まずは、最寄りの都道府県労働局または労働基準監督署へご相談ください。

労災請求の相談をしたいが、
・セクシュアルハラスメント行為の詳細を話したくない
・セクシュアルハラスメント被害のことを思い出すことは苦痛
・請求することになっても窓口にはなるべく足を運びたくないｅｔｃ・・・

- **都道府県労働局には、セクシュアルハラスメントによる精神障害の労災請求に関する相談窓口があり、臨床心理士などの資格を持った担当者が相談に応じています。（できるだけ予約をお願いします）**
- **保険給付に必要な請求書は、厚生労働省ホームページからダウンロードできます。（http://www.mhlw.go.jp/bunya/roudoukijun/rousaihoken06/）**
- **保険給付の請求については、郵送で請求書を提出していただいても構いません。労働基準監督署にお越しいただく場合には、時間、場所などできる限りご希望に沿うよう配慮いたします。**

◆都道府県労働局・労働基準監督署の所在地は、【巻末資料5】参照。
◆労災申請の手順は【巻末資料3】を、「業務による強い心理的負荷」が認められるかどうかの判断は【巻末資料4】を参照してください。
参考：厚生労働省リーフレット「セクシュアルハラスメントが原因で精神障害を発病した場合は労災保険の対象になります」
https://www.mhlw.go.jp/file/06-Seisakujouhou-11200000-Roudoukijunkyoku/panphlet_3.pdf

類型がつくられ、心理的負荷の強度を「強」とする具体例も列挙されました。

この新しい認定基準は、画期的な大きな一歩でした。実際に、セクハラ労災の認定件数は、2011年度までは年1桁だったのですが、2012年度は24件、以降徐々に増えて2017年度は35件になっています。ただ、認定の基準については大きく見直されたものの、今回のセクハラ分科会はあくまでも労災認定基準についてであり、労災保険制度の見直しではありません。また、「ストレス脆弱性理論」の問題性についても、ヒアリングで参考人の近藤さんから問題提起があったにもかかわらず議論されていません（135頁コラム参照）。また、労災認定後の運用については手つかずのままという問題も残されています。

今後の課題——労災認定後の運用について

労災が認定されると医療費（療養補償）や休業補償の給付がなされます（78頁図3－1参照）。医療費については、労災指定病院の場合は無料で治療が受けられますが、通院先が労災指定病院でなかった場合は、被害者がいったん医療費の立て替え払いをしなければなりません。経済的な困難を余儀なくされた被害者にとって、医療費の10割分を捻出するのは容易ではありません。全国の医療機関が労災指定病院であれば問題はありませんが、全国で労災指定病院とされている精神科や心療内科は非常に少ないというのが実情です。

しかも、治療には、性暴力被害による精神障がいへの専門性が求められますが、被害者に適した医療機関を選べるほど環境は充実していません。加えて、病院や診療所以外などのカウンセリングの場合は、公的医療保険の対象とならないため、被害者の実費負担となります。このような労災認定後の負担を軽減することや手続きの簡略化をはかることは、安心して治療に専念できる環境を整えることにつながり、被害者の回復に大きな意味を持ちます。

もうひとつの課題は、新たな認定基準が適切に運用されることです。セクハラ分科会の報告でも、「見直し後の基準が適切に運用されているかどうかについて、随時、事後評価を行うことが望ましい」という意見があったことが記載されています。この事後評価を行うのは第三者機関であることに大きな意味があります。これまで長きにわたり、職場での性暴力被害の実態が理解されず労災認定が運用されてきた経緯をふまえ、担当職員の研修を徹底し、並行して、専門性のある第三者機関によって事後評価が行われるべきだと思います。

コラム❸

セクハラ事案に関する労災認定基準見直しの意義

戒能 民江

裁判を闘いながら国の政策を変えさせた

２０１５年のセクハラ労災行政裁判の画期的勝利を獲得するまでに、セクハラの被害を受けてから12年、労災申請から8年、２０１０年に行政訴訟を提起し、その途中で国が労災認定してからも5年かかった。あまりにも長すぎる。しかし、佐藤かおりさんは不屈の魂で闘い抜いた。それだけでも十分すごいのだが、佐藤さんの真骨頂は裁判を闘いながら、自身の課題を労災基準の見直しという政治課題に変換させて、国の政策を変更させたところにある。

セクハラ労災認定基準見直しの背景

セクハラ被害を受けた人の多くは、ＰＴＳＤ（65頁参照）やうつ病、適応障害、不眠症など何らかの精神障がいを発症する。セクハラ被害によって退職せざるを得なくなる人は多い。再就職の道も険しい中で通院費用の負担は大きく、生活費にも事欠く。そんなときに、頼りになるのが労災であり、セクハラが原因で発症した精神障がいを理由に労災申請を行うことができる。

セクハラが労災として認定されるかどうかの基準を定めたのが「精神障害の労災認定基準」であ

るが、従来、労災の申請も認定もきわめてハードルが高かった。たとえば、2004年度から2009年度までの6年間で、労災認定されたのはたったの22件である。そもそも申請件数が少なく、2009年度は全国で16件に過ぎない。

なぜこのように申請も認定も少ないのか。労基署の対応のありかたと認定基準そのものに原因を求めることができる。

第一に、労基署での申請過程における事情聴取が、被害者に大きなストレスを与えている。セクハラ被害やその影響など、労災の必要性に関わる肝心なことよりも、成育歴や性暴力被害経験、妊娠経験の有無などプライバシーを侵害するようなことばかり聞くのは、二次加害にほかならない。

第二に、認定基準自体がセクハラ被害の実態を反映していないばかりか、セクハラや性暴力に対する偏見や無理解を内包していることが問題なのである。

これらは労災申請を何度も棄却され、それに対する審査請求も再審査請求も棄却されてきた、セクハラ被害の当事者としての佐藤さんの経験にもそのまま当てはまる。国を相手とする裁判に持ち込まざるを得なかったのは認定基準そのものがおかしいからである。そのことに気づいた佐藤さんや支援者の方々がすぐさま政治に働きかけた結果、厚労省の「精神障害の労災認定の基準に関する専門検討会」の中に「セクハラ事案に係る分科会」が開設されることになった。

審議過程の特徴とポイント

「セクハラ分科会」の審議はヒアリングから始まった。セクハラ被害の実態や影響をきちんと把握して議論を進めるためであり、ヒアリング対象は支援団体や心理カウンセラー、自治体、弁護士などであった。私は分科会委員として当事者へのヒアリングを強く要望したが、認められなかったものの、録音ならよいということになった。佐藤さんが会場内の傍聴席にいるにもかかわらず、佐藤さんの証言をテープを通して聴くという奇妙な経験をしたことになる。

当事者や支援者等のヒアリングは分科会の審議の方向を決定づけたと考えている。つまり、「被害者の観点」と「女性問題の観点」が重視されたということである。どういう被害を受けたのか、その結果職場でどのような状況に追い込まれたのか、なぜすぐに相談しなかったのか、受診がなぜ遅れたのか、職場で相談したことでどのような嫌がらせにあったかなど、セクハラ被害の実態を認識したうえで議論しなければ、実効性のある基準改訂にはならない。

労災が認定されるためには、業務上で起きた出来事の心理的負荷の強さを評価するのだが、その「出来事」の類型の一覧表（旧）を見て驚いた。従来、労災の対象として想定されてきたのは、労働災害や事故、長時間労働、退職強要などであり、それらの与える心理的負荷の強度は強い。しかし、セクハラは「対人関係のトラブル」のカテゴリに入っており、「労働災害」であるにもかかわらず大したことがない出来事と評価されていた。審議はまずセクハラを独立した項目としたうえで、実態をふまえた心理的負担の強度を再検討した。

新基準の意義

今回の改訂は、セクハラの「特有の事情」を反映した基準改訂を行ったことに最大の意義がある。セクハラの構造、特質、影響など実態をふまえた内容に一歩近づけることができたと思う。また、非正規労働者がセクハラの被害を受けやすいことに留意して、雇用形態を考慮すべきとしたことも評価できる。

心理的負荷の平均的強度「Ⅱ（中）」を維持しながらも、心理的強度が強い場合、中程度の場合、弱い場合に該当する具体的事例を提示し、「中」から「強」へ修正すべき点を列挙した。

第一に、地位や立場の優位性を利用して行われるセクハラの構造に基づき、被害者の「抵抗の有無」にかかわらず、相手が優越的立場を利用して被害者の意思を抑圧してセクハラ行為が行われた場合は、強姦と同じく、労災が認められる「強」に修正できるとした。また、セクハラ行為の反復継続が心理的負荷を強めることを考慮したこと、セクハラ行為の内容や反復継続の程度を一体として把握して全体としての評価をすべきとした点や、被害の申し立てによって職場の人間関係が悪化した場合や、申し立てをしても会社が何の対応もしなかった場合も心理的負荷を強めるとしたことも評価できる。さらに、しばしばセクハラ裁判で問題となっている、被害者からの相手に迎合するかのような「迎合メール」や加害者の誘いを受け入れる行為が必ずしも「同意」を意味しないことが注記されたことも意義深い。

運用については、労基署は「労災の認定が難しいとして請求を断念させないように」対応すべきとしたことや、専門的知識を有する職員の育成・配置を指摘している点が重要である。

さらに注目すべきは、労基署での調査（事情聴取）での留意事項を細かく提示した点である。なかでも、被害者が責め立てられて症状が悪化する場合があること、被害者の過去の性暴力被害や妊娠経験は判断要素とならないことを注意している。

今後の課題

最大の課題は、心理的負荷の強度の評価が「ストレス脆弱性理論」に基づいて行われていることであるが、分科会ではほとんど議論されなかった。ストレス脆弱性理論とは、環境がつくりだす反応と個人がもともと持っている反応との関係を問うものであり、被害を受けたほうのメンタルが弱ければ、些細なセクハラでも大きな影響を受けるとする考え方である。したがって、個人に何か問題がないか、学校や職場、家庭でうまく適応してこなかったかどうか、性格傾向まで調査される。たとえば、「性格に偏りがあって過敏で極めて不安定で傷つきやすい傾向」があり、「愛情関係のもつれから精神的葛藤に陥った」などと言われることになる。しかし、そのような不安定さや過敏さは、セクハラ被害の影響である可能性が大きく、偏見や固定観念がないかどうか慎重な判断が求められる。

セクハラ事案では、しばしば、被害者に落ち度があるとする「被害者非難」がごく普通に行われてきた。脆弱性理論は被害者に原因を求めることになり、被害者をさらに追い込む結果を招く。労災認定基準がストレス脆弱性理論に依拠すること自体が問題であり、再検討を要する。

また、セクハラは生活問題であり、労働問題でもある。回復のためのメンタルケアも不十分なうえに、職場復帰プログラムは未整備に等しい。中長期的支援を充実させ、生活権や労働権が保障されなければならない。

新基準制定から7年を経た。運用実態調査を定期的に実施して改善がはかられることを望む。

第5章

闘いは続く——精神的後遺症のある期間の補償を求めて

支給されたのは一部の期間だけだった

アルバイトや司会業の仕事を就労可能と判断される

全国からの女性たちの支援を受け、２００７（平成19）年に申請した労災申請（療養補償と、２００６年７月７日～２００７年８月23日までの休業補償給付請求）は、２０１０年１月の行政訴訟を経て、同年11月、判決を待たずして認定されました。しかし、その後も闘いは続いたのです。というのも、国の労災認定にもかかわらず労基署が示した休業補償給付は、請求した全期間ではなく一部の期間だけだったからです。

念のため触れておくと、労災申請した期間は、退職後の期間です。一般的に「休業」というと、まだ会社を辞めておらず、病気などの理由で仕事を休んでいる状態を指すので、退職後は請求できないと思い込んでいる人もいるようです。しかし、退職したあとでも、労災の原因が働いていた間に起きたことによる場合、普通に働けるようになるまで休業補償を請求することができます。私のように、退職後もセクハラによる精神的後遺症で仕事ができない場合、当然ながら、その間は休業補償の対象となるはずです。

実際、労災が認定されるまでの４年間、傷病手当金[*1]や障害年金を受給しながら、司会業やアルバイトなどで生活を維持していました。労災が認定されなかったため、ボロボロだった体をおして働き、働いては症状を悪化させるという悪循環に陥り、ゆっくり療養することは許されなかったのです。見かねた医師から生活保護申請をすすめられましたが、男性恐怖症のため自家用車でしか移動できない私には、生活保護受給によって車を持てなくなれば身動きできなくなることから、申請は困難でした。

しかし、労基署は、選挙事務所でのアルバイトや司会業の仕事をしたことをもって就労可能と判断し、2007年5月のアルバイト以降は、通院日のみを休業補償給付の対象としました。そのため、補償されなかった期間について、さらに審査請求、再審査請求を行うこととなったのです。

裁判で処分は確定しているからと審査請求は却下

労基署は、2007年9月に労災申請した期間の一部については休業補償を認めました。具体的には、申請した期間を、

- 1期：2006（平成18）年7月7日～2007（平成19）年2月4日
- 2期：2007年2月5日～同年4月27日
- 3期：2007年4月28日～同年8月23日

の3期に分け、「1期」のうち、待機期間（事業主が休業補償を支払うことになっている期間）である3日間と司会業務に従事して賃金を得ている日を除く181日と、「3期」のうち通院した日で司会業等により賃金を得ていない日の合計11日、合わせて192日分については休業補償を認めました。しかし、それ以外は不支給でした。

判断の根拠は、「1期」は、「ストレス因から解放されたことにより症状が回復していく時期であるが、通常の労働時間の業務を継続的に行えるまでに症状が改善されていないことから、『司会業務等を行った日を除いて休業補償給付対象』」とし、「2期」は、「選挙事務所に勤務していたので給付の対象外」、「3期」は、「選挙事務所で就労可能であると証明されたが、症状によっては通院が必要であり、通院のために休業を要するため、『通院日のみを休業補償給付の対象』」、というものです。

選挙事務所でアルバイトをしたとき、初めてフラッシュバックが出現し、アルバイト以降は、さらに男性恐怖症が悪化して通院回数も増えていったのですが、こうした事実経過はまったくこの判断に反映されていませんでした。

そこで、認められなかった休業補償給付期間について、2011年3月に審査請求をしました。しかし、労働局（労働者災害補償保険審査官）は、先の行政裁判で処分は確定しているとして、2011年7月、これを却下したのです。審査の対象にすらならないとされたのです。

職場や加害者から離れたからといって、単純に病気が回復に向かうということはありません。逆に、症状は悪化しているのに、生活のためと短時間であっても働いたということだけをみて型どおりに判断されてしまっては、労災保険制度の目的である「社会復帰の促進」の機能を果たしているとはいえないでしょう。

労災が認定されなかった4年間、私はどのように命をつなげばよかったというのでしょうか。労災とは、誰のためにある補償制度なのかを問うために、審査請求で出された決定を不服とし、再審査請求を行うことにしました（図5－1）。

後遺症のある時期なのに支給から外したことに異議

今回の争点は、「3期」のうち11日分のみを支給し、その他の期間については支給しないとした決定が妥当かどうかというものです。

請求人（私）側は、次のように主張しました。

- 「2期」に選挙事務所で就業したからといって、「3期」においても就労できたことを示すものではない。
- 通院状況、投薬状況、診療記録の記載からも、「3期」における本人の症状は改善

図5-1　労災申請から行政訴訟までの経過

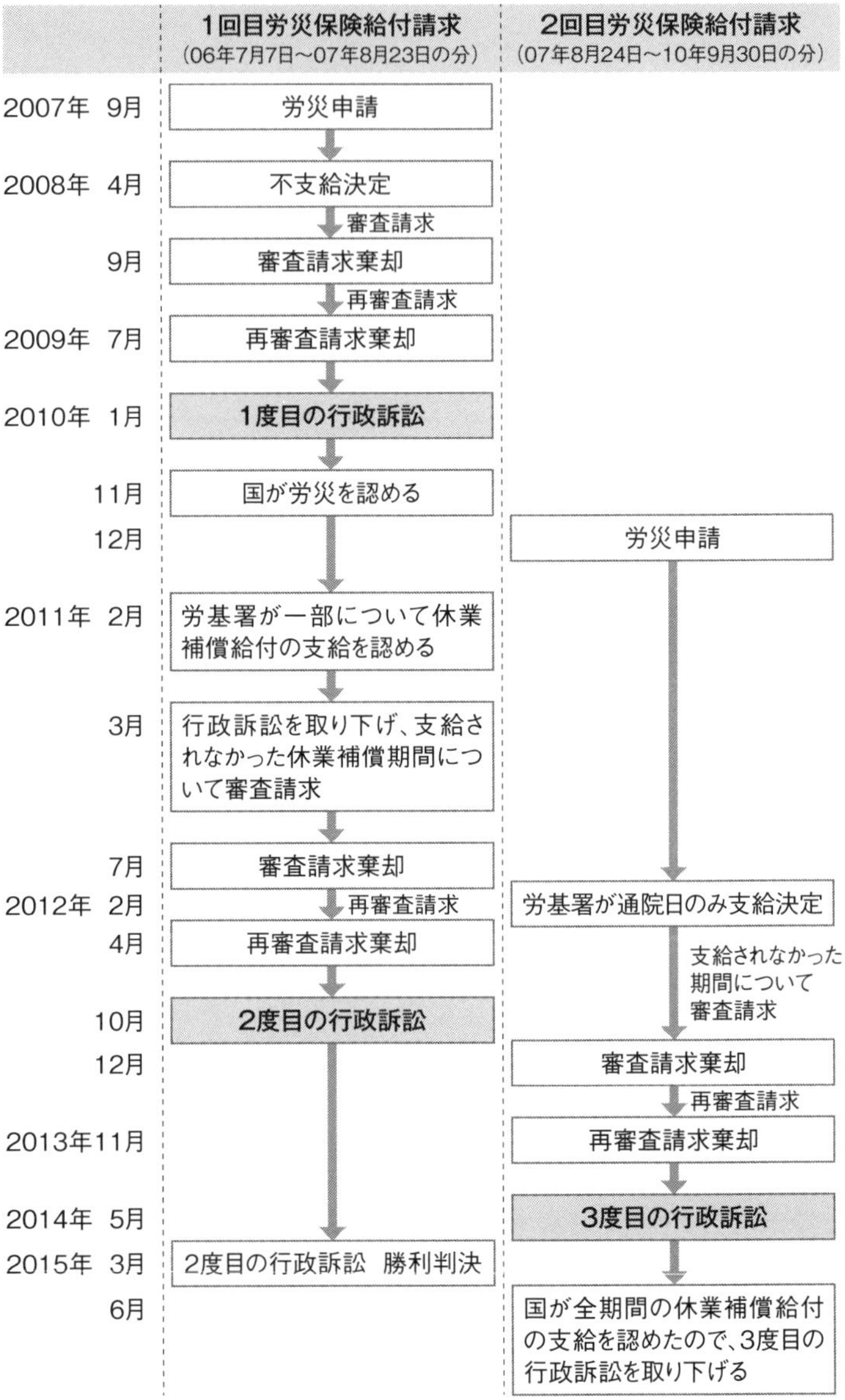

しておらず、かえって悪化している。

●司会業等への就労の事実をもって、一般的に就労可能であったということはできず、かえってそれ以外の日は就労不能であったことを示すものである。

●請求人の精神疾患（男性恐怖症）は男性との接触によって症状が現れたり悪化するというものであり、一般的に男性と接触せずにすむ仕事などというものはない。また、「3期」の後においても、症状は改善せず、就労できる状況でなかったことは、請求人の日記（図5－2）からも明らかである。

私が当時受診していた伊藤メンタルクリニックの伊藤匡医師は、2011年1月の「医師意見聴取書」の中で、傷病名は「適応障害・不安障害・うつ状態」であり、これは、「症状が安定しているように見えても、特定のストレス、すなわち、『適応障害』を発症する要因となったストレスにさらされた場合に、症状が増悪すること、したがって、症状に波がある」とし、「3期」については、「むしろ、それ以前の期間と比較しても症状が増悪していると判断される」と述べました。そして、「男性スタッフとの接触によって選挙事務所勤務後半から正常勤務に困難性を伴ってきた様子から、症状の変動が見られることや、セクハラをめぐる裁判による継続的ストレスによって諸

図5-2　日記抜粋（2008年～2009年）

※病院の心理療法士にすすめられつけた日記。主に司会の仕事をしていた時期。

2008年	
2.10	数日間ずっと体がだるく横になっていた。起きるのがつらかったが、仕事先に向かう。会場に着くとますますつらくなり動悸がしてきた。帰宅後、海苔巻きを食べたがすぐ吐いた。
2.17	前日からほとんど横になっている。夜も夢を見る。加害者が出てきて、同僚に助けを求めようと探し回るが、会社のどこにもいない。寝汗をかいて目覚めた。
4.12	司会をしていても気持ちがどこかに行っていた。遠くで何かをやっている感じ。帰りの車の中でも、今、司会をしていたのが遠い昔のように思える。
5.31	じっと座ったままで気づくと2時間経っていた。いつもスケジュールは頭に入っていたのに、昨日何をしたのかさえ思い出せない。今日の予定も手帳を何度も見て確認。
6.10	音が気になる。光も目に刺さる。吐き気がして吐いた。
6.11	今週末の婚礼司会の件を担当者と電話で打ち合わせしていたが、あとの記憶がない。気がついたら横になっていて、時計を見ると夜の9時半。6時間も寝ていたのかと携帯を見たら、その後もしばらく担当者と話していたようだ。だが、覚えていない。昨夜も腕を切っていた。
6.28	文字がうまく書けなくなり司会中の自分の走り書きが読めないのが困る。昨日からロレツが回らない。口の運動をしてもダメ。安定剤を飲んでみたが、やはりロレツがまわらない。つかえてうまく話せない場面があった。
7. 4	目が覚めたらポータブルストーブの延長ボタンが点灯していた。まったく記憶にない。ここ数日、突然睡魔がおそってくる。ベッドに寝ていたはずが頭を何かにぶつけて目が覚めた。居間に寝ていてテーブルに頭をぶつけていた。手にはタバコ。火事になったらどうしよう。
7. 6	疲れのせいか、初めて司会席で睡魔におそわれた。立っているのがやっと。加害者と似た男性が列席者にいた。心臓がどうにかなりそうだった。帰宅後、胃がムカムカして吐こうとトイレに向かうが脂汗とめまいで倒れた。気がついたら夜の3時。床の敷物にゴミがあると思ったら血の跡だった。傷が増えていた。
7.12	熱っぽいが、今日の司会、どうにか乗り切らなくては。疲れがたまると、ときどき熱が出る。楽しかった司会が苦痛でならない。司会が入ってない週末はホッとする。めまいがひどい。
7.27	最後の傷病手当金が入金されていた。これからの生活をどうしよう。子どもたちがアパートの階段で遊んでいるのか、駆け上がる音と振動に体がこわばる。音が怖い。
8. 9	夢を見た。前の職場で働いている夢。加害者の気配を感じながら後輩に仕事の指示を出していたが、常に男が近くにいないか気にして落ち着かなかった。夢から覚めて、「もう怖がることはない」と自分に言い聞かせた。
8.10	昨夜、めまいがひどく、帰宅後そのままクッションを枕に居間で寝ていた。体がだるくて何もできない。4時間のイベント司会でこんなに疲れてしまって、14日と16日に入っている長時間イベント後、どうなるのか……。しかし、障害年金が受給できなければ働かないとやっていけない。病院はどうしよう。生活面も不安がいっぱい。どうしよう……。

8.16	朝8時半から21時まで司会をしている間中、断続的なしびれにおそわれる。手先、後頭部、唇がとくにしびれ、安定剤を飲む。帰りに買ってきたお弁当を食べたが吐く。そのままトイレで動けなくなり、気がつくと壁に何度も体を打ちつけていた。いつ着替えて寝たのか覚えていない。
9.17	病院は待っている間が苦痛。今日も待合室に男の人がたくさんいた。耳をふさいで目をつぶり、名前を呼ばれるのを待った。気持ち悪さとおびえで泣きそうになった。先生にも話した。
10.25	司会の仕事に行くが、めまいが始まる。薬が効かないので、ぎりぎりまで横になっていた。余興の打ち合わせをしているときに男性からなれなれしく腕をつかまれた。離れたのに寄ってきて、「うるさいヤツと思ってるんでしょ」と言われる。2時間半、立っているのもやっとだった。
2009年	
4.30	夜、何度も目が覚め眠れない。夢ばかりみていた。体は疲れているのに横になれず、足をバタつかせたり部屋の中を歩き回る。 事務所の社長から電話。「体調は大丈夫?」と心配してくれたが、仕事を失いたくないので「大丈夫」と答えた。
5. 1	疲れすぎて、仕事の準備ができない。疲れ具合が尋常でないので、午後、病院に行って点滴してもらう。
5. 2	お客を遠くに感じ、自分を素人の司会者のように感じた。自分の仕事に納得できない。声が低い。勘が戻らないもどかしさを感じる。会場からどうやって帰ったのか覚えていない。
8. 1	婚礼で、余興の打ち合わせのときに近づいてきた中年の男性が加害者と似ていて、気持ちが悪くなった。距離を保とうとしても近づいてくる。イヤでたまらない。打ち合わせが終わったら椅子に倒れ込んだ。マイクを持つのもやっとだった。すごく重い。あとは覚えていない。気がついたら終わっていた。帰宅後も、男性のニヤニヤ顔が頭を離れない。
8.30	事務所の社長から、「司会が事務的だ」「明るく笑顔で」と、電話がある。とうとう言われた。
10. 4	カラオケ大会の司会で、社長から「トーンが下がっている」とダメ出し。すごく疲れた。帰宅後いつの間にか寝ていた。
10. 9	立ちくらみとめまいがあり横になった。仕事の前後で体調がおかしくなる。とくにめまいがひどい。生活のためなのでしかたがないが、仕事の本数が今の私には多い。
11. 7	動悸がしてとりあえず安定剤を服用。婚礼が終わるころにはフラフラしていたが、また飲んだ。頭痛とめまいが続く。

症状の出現および増悪が認められることから、要休業と判断」したと述べています。

一方、これと真っ向から対立する意見が、北海道労働局地方労災医員協議会精神障害専門部会（以下、専門部会）座長の齋藤利一医師の「意見書」です。齋藤医師は、「適応障害は、発症の原因となったストレス因にばく露されることによって症状が悪化し、逆に解放されることによって症状が軽快する。適応障害による症状の持続期間は、通常6カ月を超えないとされ、遷延性うつ反応の場合であっても、持続は2年を超えないとされている。症状が2年以上持続するようであれば、患者の精神的な脆弱性を考慮せざるを得ない」（傍線は、筆者）とし、「2期は症状悪化のピークと推定される退職時から7カ月が経過しており、選挙事務所での仕事は週4日以上の勤務を継続できている。会社の退職によってストレス因から解放され、徐々に症状の改善が得られたことにより、通常の継続的な業務に服することが可能なまでに症状が回復したことが、この期間の勤務によって証明された」と述べました。そして、「予定された司会業務は支障なく行えていること等をみれば、休業の必要性の判断に当たって、影響を与えるほどの症状の悪化はなかったものと判断するのが妥当」と結論づけました。

この齋藤医師の「意見書」をめぐっては、行政訴訟でも争われることになります（154頁～参照）。

働けないほど症状は悪化してなかった、として再審査請求も棄却

ややこしいのですが、今回の再審査請求では、先の2011年7月の、審査すら「却下」とした決定は覆したものの、問題の休業補償給付自体については棄却されました。いわば、門前払いはしないけれど、結局、認めません、ということです。

棄却理由は、「軽作業を含めた一般的な労働ができないと判断されるまで請求人の症状が悪化していたとみるのは困難」というものでした。主治医である伊藤医師の意見を否定し、齋藤専門部会座長の意見を採用して、「3期」について、通院日を除いて給付対象としなかった労働基準監督署長の判断は妥当であるとしたのです。

労働審査会で出した判断(採決)は、生活するためには無理にでも働かなければならず、働くたびに倒れ込むという悲惨な実情を切り捨てるものでした。

このような採決を目のあたりにし、いくら国が労災であると認めても、セクハラによる精神的後遺症への理解が進まなければ、実態に即したセクハラ労災の運用は実現しないと痛感。セクハラ被害への無理解と偏見こそが、今回のような労基署の対応を許しているのでしょう。そこで、二度目の行政訴訟を提起することを決意したのです。

あきらめず、二度も三度も行政訴訟

〝難しい〟裁判で、弁護士が見つからない

今回の裁判もまた、日本で前例のない〝難しい〟裁判でした。そのため、提訴前から難航を極めることになります。まず、依頼した弁護士からは「今の制度上、限界だ」とことごとく断られました。この裁判が大変なことは、私もわかっています。しかし、セクハラが労災の対象であるということを知った人が労災申請しても、6カ月経てば症状は軽減するなどといって通院日しか休業補償をされない運用では、せっかくセクハラの認定基準見直しがされてもその意味がなくなると思いました。再審査申請が棄却されて裁判を起こすまでの期間（時効）は、半年しかありません。「どうしよう、また、本人訴訟でやるしかないのか」と思っていたところ、北海道ウイメンズ・ユニオンの小山さんから弁護士を紹介するという連絡が入りました。紹介されたのが浅野高宏弁護士です。

2011年1月から私は東京に移り住んでいました。東京に来た際、私が働いていた「全国女性シェルターネット」の事務所に立ち寄ってくれた浅野弁護士に、「この裁判は、勝つか負けるかではなく、労災保険制度の根幹に関わる問題点、今課題にな

っていることを裁判の中で可視化していく闘いなんです」と訴えました。浅野弁護士は、「検討してみます」と言って帰ったのですが、20分くらいしたら小山さんから電話があり、「よかったねぇ、受けてもらえて」とのこと。あとから浅野弁護士に聞いた話によると、最初は断るつもりで事務所に寄ったのだそうです。しかし、私の訴えを聞き、事務所をあとにしてすぐに受任することを決め、仲間の弁護士の方々に声をかけ、弁護団が結成されたとのことでした。新たな弁護団は、浅野弁護士のほか、上田絵里さん、倉本一宜さん、白諸貝さん、高須大樹さんの5人です。

２０１２年10月、こうして、私の二度目の行政訴訟が始まりました。今度は札幌地裁に提訴です。

三度もセクハラ労災で国を訴える

じつは、一度目の行政訴訟から二度目の行政訴訟の間に、もうひとつ、２０１０年12月に労災申請を行っていました（１４６頁図５－１参照）。最初の労災が審査、再審査と認められず行政訴訟にいたる間は、続く２００７年８月24日〜２０１０年９月30日の間の労災請求を行っていなかったため、改めて申請する必要があったのです。

しかし、二度目の労災請求も２０１２年２月、通院日のみで支給決定されました。

先の労災申請同様、全期間の補償を求めて審査請求しますが棄却、続く再審査請求も棄却されます。そこで、２０１４年５月、三度目の行政訴訟を起こします。二度目と三度目の裁判の争点は同じものですが、結局、三度も国を訴えることになったのです。

「労働することができない」とはどういう状態か

二度目、三度目の行政訴訟での争点は、休業補償期間として認められなかった期間は、「業務上の負傷または疾病による療養のため労働することができない」（労災保険法第14条1項）に当たるかどうかというものでした。

原告（私）側の主張は、労災保険法の「労働することができない」とは、「休業前の就労能力の程度に回復していなければ、これに当たると解するべきだ」というものです。実際に、司会業などを含めて延べ20日ほど勤めていますが、これは、私が生活を維持するために続けるしか選択肢がなく、以前からやっている慣れた業務であったからかろうじてできたものです。主治医である伊藤医師も、この期間の症状について、それ以前の期間と比較して症状が悪化しており、要休業であると判断しています。

一方、労働保険審査会の主張は、「労働することができない」とは、一般的に労働不能であることを意味するのであって、被害を受ける前の労働に就けないという意味ではない。軽作業その他の業務に就き得る場合は、一般的に労働不能の状態にあったとは言えない、というものでした。

弁護団会議でも、療養とは何か、治癒とは何かについて、さまざまなエビデンス（根拠、証言）を出して検討しました。傷病手当、健康保険制度、労災保険制度では療養や治癒の考え方はどう違うのかなど、喧々諤々《けんけんがくがく》の議論は、ある意味、面白くもありました。

また、「セクハラ被害とは、どのような被害か」「被害者の精神的後遺症はどのようなものか」という実態を明らかにする必要もありました。国は、働いていない時期について、働けなかったのではなく、働いていなかったと主張し、「司会の仕事を当日キャンセルしていない」「大きなミスなく仕事をこなしていた」等と、その理由をあげてきました。

しかし、実態はそうではありません。当時の私は、期待と絶望を繰り返す中で生きていました。１カ月先には、もしかすると司会の仕事がこなせるかもしれないという期待を抱き、いざ仕事をすると解離症状が顕著に表れ、帰宅するまでの記憶がないという状態で、大きな絶望におそわれました。

約２年半継続したセクハラ被害は、簡単に私を解放してくれませんでした。労災申請しても不支給、審理請求、再審理請求も棄却され、理解されないという孤独感、社会から取り残されていく焦燥感、喪失感に打ちのめされていました。会社を辞めたら楽になれると退職をしましたが、職場での性暴力被害＝セクハラによるストレスは、そこから逃れれば消えるものではなく、その後も執拗に精神的後遺症として表れてくるのです。

戒能さん、周藤さんの力強い意見書

2回目の労災保険給付請求での審査請求の際、私たち原告側は、専門家の「意見書」を2通提出していました。ひとつは、お茶の水女子大学名誉教授で、厚生労働省「精神障害の労災認定の基準に関する専門検討会セクシュアルハラスメント事案に係る分科会」（第4章参照）の委員を務めた戒能民江さんのもの、もうひとつはフェミニストカウンセラーの周藤由美子さん（ウィメンズカウンセリング京都）のものです。これを裁判の書証として提出しました。

戒能さんは、①精神障害の労災認定基準の見直しの意義、②職場におけるセクハラ被害と労災の必要性、③労災認定再審査裁決書（1回目の休業補償期間について）の問題点、について書いてくださいました。①では、セクハラ事案に係る分科会での審議の特徴は、「精神医学的観点」だけでなく、「被害者の観点」および「女性問題の観点」が大きな位置を占めたことにある、としたうえで、新しい認定基準がセクハラ特有の事情を考慮して認定すべきとした画期的な改定であると述べています。そして、ストレス脆弱性理論に基づく評価の是非については、「セクハラのケースでは、被害者のほうが悪い、被害者にも落ち度があるという『被害者非難』が行われ、結果、被害者は『自分が悪い』と思い込んで自責の念に駆られ、自己評価も低下すると言われている。脆弱性理論は、従来の被害者非難に立脚した考え方であり、新認定基準の趣旨に反している」と指摘しました。

②では、司法救済を求めることによって負うリスクは大きいと述べ、「労災認定によって、セクハラの事実が承認されることで、被害回復への第一歩を進めると同時に、労災保険支給が生活維持・生存のための『命綱』になっている」と強調。③の裁決書の問題点として、第一に、就業状況について、出勤している、仕事をキャンセルしていないなどの形式的な判断にとどまり、請求人の業務の遂行に困難をきたしている状況を事実に基づいて総合的に判断していないこと。第二に、セクハラ被害の影響や二次被害、併発する出来事の事情などセクハラ被害特有の事情を考慮していないこと。第三に、退職による「ストレスからの解放」は多くの場合にもたらされないこと。本

件の場合、認定までに約4年かかり、今回の再審査請求によってさらに長期化していることを指摘。そして、認定手続きが迅速に行われなかったことについて、認定手続きに瑕疵《かし》（法律用語で欠点、欠陥のこと）がなかったのか、検証が必要である、と述べています。

一方、カウンセラーの周藤さんは、請求人である私の症状についてどうとらえるべきか、について書いてくださいました。専門部会座長の齋藤医師の意見に対して、「請求人が受けたセクハラ被害が、言葉や軽い身体接触のみであって、レイプのような深刻な被害ではないので、それに対して後遺症が重過ぎる」という判断があるのではないか、と疑問を投げかけ、外形的には言葉や軽い身体接触にとどまっていても、職場という逃げられない環境の中で、派遣社員が権力を持った上司から、明らかに性的関係を求める誘いかけを執拗に長期にわたって受け続けてきたという全体的な状況から判断して、深刻な後遺症を発症してもおかしくない性質のものであったことを具体的事実に即して述べました。また、司会業務をキャンセルすることなく継続できたのは、請求人の症状のうち、解離症状がひどかったことが大きく影響していると主張。解離症状は、感情や感覚を自分から切り離し、苦痛を感じなくてもすむようにする防衛反応であり、自分の心身の状態について自覚が乏しく無理をしてしまうのだと記しています。さらに、選挙事務所における男性との接触によりフラッシュバックが出たことについて、そのことが請求人に与えた影響についても詳しく説明。こうしたことから、症状が2年以上継続したことも不思議ではないと述べています。

そして、最後にこう結んでいます。

「請求人の『個体要因』が仮にあるとすれば、経済的な責任を負っていた家庭事情くらいしか考えられないが、それを『個体要因』と判断するのは多くのセクハラ被害者の現実を無視するものである。よって、裁決書の判断を見直し、請求人の実態に即した認定を行うべきである」

2015年3月、勝訴判決を勝ち取る

二度目の行政訴訟は、2015年3月6日に勝訴判決を勝ち取りました。周囲からは、「今の制度では難しい」と言われ続け、それでも支援者とともに闘うことをあきらめず、被害者の実情を訴え続けた裁判でした。

33頁ある判決文のうち26頁は、当時の私の症状についての叙述が占めていました。判決文には、「原告の症状および治療内容は、選挙事務所就労後と選挙事務所就労前とでは格段の差異は見いだせない」と記述され、「3期」についても休業の必要性を

認めたのでした。

途中から同時進行で争っていた三度目の行政訴訟は、国が二度目の行政訴訟の判決をそのまま反映し、請求期間の全期間を休業補償給付期間と判断したため、裁判の取り下げを行いました。

8年にわたる度重なる労災申請、審査請求、再審査請求、行政訴訟は、多くの支援者の存在なくしては成し遂げられませんでした。また、この間の闘いを通して支援の輪が広がり、私は本来の力を取り戻しながら回復していくことができたと思っていま す。2015年6月、二度目の労災申請をした期間の休業補償も給付となったわけですが、いまだ労災の運用面での課題は多々残されています。ただ、実態に即して休業の必要性が認められた意義は大きいでしょう。

（＊1）傷病手当金とは、私傷病で療養のため仕事を休み、賃金が支給されないときに健康保険から支給される手当のこと。支給される期間は、支給開始日から最長1年6カ月。2006年7月11日から支給を受けた。ただし、労災保険給付が行われると、これは返却しなければならない。

コラム④

セクハラを生み出す構造を変える

中野　麻美

セクハラの本質

セクハラの本質は「支配」である。国際的に、女性に対する暴力概念の核心は、あらゆる形態の暴力を手段に相手をコントロールすることによって人間の尊厳を侵害することであり、人格の統合性の侵害であるととらえるようになっている。

そうした「支配」はどこから生まれてきたのか。女性の妊娠・出産は一時的に社会的活動から遠ざかることを宿命とするため、社会の変化とともに（とりわけ武力による支配が行われるようになると）、女性を公的な場から排除して、私的な場とされる家庭での妊娠・出産・子育て・介護を役割とし、公的な営みを担う男性が女性を支配するという、性別分業と家父長制を生み出した。そして、それは長い歴史の中で、女性は男性の道具であり、男性には女性を性的対象とする「力」が与えられているという考え方や行動スタイルが生活の中に染みわたってきた。

女性が望まない性的言動を受けたり、就業環境を害されるといったことがなかなかなくならないのは、そうした考え方や行動スタイルが広く深く社会に根づいているからである。

「日本型雇用システム」とセクハラの土壌

女性を支配できる「力」が「男らしさ」であるという考え方が、女性を性的に屈服させたり、そうした自慢話を職場で平然と行ったりすることにつながっていく。男性が女性を性的に支配することで力を実感し、自己犠牲的な働きに邁進できるという錯覚を利用した組織的性暴力が、日本軍性奴隷制（いわゆる日本軍「慰安婦」）であった。

戦後の日本では、性別役割を下敷きにして、女性が家庭で男性を支え、男性が企業の活動を担うという「日本型雇用システム」が経済を支えてきた。契約本位に働く欧米のスタイルとは違って、使用者に命じられるまま転勤や長時間労働を受け入れて働くスタイルと集団主義を特徴とするこのシステムは、60年代の高度成長を支え、国際競争力の源泉となってきた。それに伴い、男性優位はあらゆる社会システムに貫かれることとなった。

現在にいたるも女性を道具化し、性的対象とする風潮はとても根強い。相談されるセクハラ・性暴力に関するケースからは、これが岩盤のようなレジーム（体制）であることを痛感させられる。

セクハラをなかったことにするメカニズム

性的なことの支配権は男性にあるという考え方は、「女性は性的なことについては嘘をつくもので本当のことは言わない」「男性が性的対象に選んだのだから女性が性的に誘ったに違いない」「拒否もイエスのうち」といった見方につながる。そのため、女性は貶《おとし》められることをおそれて性暴力に抗おうにも行動が制約され、相談することも、公にすることもできない。相談しても、被害者の周りに張りめぐらされた暗黙の圧力の結果、逆に責められたり、無視されたりする。それどころかプライベート（私的）な「男女関係」として噂話になって傷つけられてしまう。

セクハラによって力を発揮することが妨げられ、対人関係上も苦しい立場に立たされて、結局仕事ができなくなって職場から去らざるを得なくなっても、周りは無関心である。

セクハラを拡大する魔のスパイラル

セクハラ・性暴力は知り合いから受けることが少なくなく、被害者は他者への信頼の根幹＝社会的関係の基礎を破壊されてしまう。そのうえ、二次被害を受けることも多く、結果、生活の基盤を損なってしまう。セクハラは、そうした意味でも、就労の継続を不可能にし、女性をより不安定で低賃金の雇用に誘導する圧力要因にもなっている。

こうしたメカニズムが働くと、女性の犠牲のもとにすべては「なかったこと」にされてしまい、セクハラがますます幅をきかせていく。

賃金・昇進・昇格などの待遇面で男性が優位だったり、性役割による仕事の配分（女性を男性の補助とする取り扱い）が定着して、職制上の権限も男性が掌握している職場（男女の力関係が偏っている職場）では、女性を道具とし性的対象とする見方や取り扱いがまかり通ってしまう。女性がセクハラを受けて職場を去ったり、力の発揮が妨げられると、ますます男性優位の職場関係が強固になってしまうから、悪循環は止まらない。

偏見を取り除く

セクハラ・性暴力は、女性自身に過失や原因があるのではなく、社会に構造化された性別による権力関係に起因する暴力である。そして、セクハラは、意思をふみにじって心身に侵入されたことによる恐怖や身体感覚、アイデンティティ・自尊・

尊厳の損傷など深刻な影響を被害者に及ぼす。

政治的・社会的・文化的なあらゆる分野に構造化された男女の力関係は、暴力の根絶に不可欠な、被害者が感じる恐怖や尊厳の侵害についての認識を妨げてしまう。なぜなら、人間の認識や記憶、判断、表現は、偏見から自由ではありえないからである。

人が物事を認識・記憶・表現するとき、情報の取捨選択、用いる言語の範囲や意味づけ（その豊富さ）、思考傾向（論理性）、過去に出会った人物との関わりなどが大きく影響する。たとえば、セクハラ・性暴力の事情聴取をする側の思考や想像が、侵害行為の光景をポルノ化したり、恐怖への反応として抵抗は一般的ではないのに、抵抗しなかったから被害者にも責任があると考えてしまうのは、セクハラ・性暴力の本質としての「支配」＝男性中心の見方が偏見となって人々の認識や判断を誤らせてしまうからだ。

被害に見舞われたとき、何が起きているのかわからないという混乱や、公の空間で起きているからこそ逆に恐怖や混乱、孤立感、不信感にとらわれてしまったり、無理な抵抗はやめ、早く終わるのを待ったりするのは、外傷的刺激の強さと時間を減らすための理にかなった行動である。こうしたことをふまえ、国際基準は司法判断の原則として、たとえば「被害者が真意に基づく同意ができないときの言動を理由に、同意を推定してはならない」「被害者の、沈黙や、抵抗の欠如を理由に、同意を推定してはならない」などのことが確認されている。しかし、日本ではまだまだそうした原則を尊重した司法判断や法制度は確立されていない。

また、体験した情報はその人の経験や考え方によって取捨選択されて、まったく別の事実に置き換えられてしまうことも少なくない。セクハラ・

性暴力事件で何が事実だったのかが裁判所で問われるときには、そうしたことがよく起きる。相談や苦情処理の場面でも、セクハラ・性暴力の本質にある「支配」、すなわち男性中心のモノの考え方が社会の主流になっていることをふまえ、かき消されてしまう被害者の声を浮上させる取り組みが重要である。

被害者の権利を回復する

今こそ、被害者の権利を回復させ、失われた信頼を取り戻すことが求められる。被害の訴えに対し、職場や社会は、偏見にとらわれ、セクハラ・性暴力を根絶する努力が足りなかったことを猛省して、被害者の権利回復を実現し、再発防止を約束する必要がある。そうして初めて、魔の連鎖を食い止めることができる。

被害者が権利を回復したとしても、乗り越えなければならない壁や、整えなければならない制度はたくさんある。中でも、所得を失わないで職場から退避できる権利、生活のことを心配しないで療養に専念できる権利、療養明けに安心して働ける職場に復帰できる権利の実現は重要である。

佐藤かおりさんは被害者としての経験をもとに、当事者皆の権利回復のために必要なことを実現してきた。この本でも取り上げられている労災補償のための業務上認定基準を改善させたことはそのひとつである。その後も佐藤さんはパープル・ユニオンをリードし、被害を告発する組合員・当事者の勇気に報いようと全身全霊を傾けてきた。

手をつなぐ女性たちには現実を変える大きな力がある、そんな励ましと確信も、被害「回復」には欠かせない。

第6章

痛みをちからへ

パープル・ユニオンを立ち上げる

パープルダイヤル相談員として東京へ

２０１１年1月から東京に移り住み、内閣府の事業であるパープルダイヤルの相談員として働き始めます。パープルダイヤルは性暴力・ＤＶの電話相談で、1月の準備段階から関わり、２月、３月末まで7週間、相談員を務めました。3月11日に東日本大震災が起き、終了後も災害時のＤＶ・性暴力被害を受けた人たちを支援する活動が喫緊の課題として求められていました。そこで、電話相談活動を継続したいと内閣府に働きかけをし、同じ電話番号の利用が認められて全国女性シェルターネットが性暴力・ＤＶの24時間無料電話相談パープル・ホットラインを続けていくことになりました。その後、２０１２年3月から厚生労働省と復興庁の補助事業であるよりそいホットラインがスタートし、その中に女性のための専門ラインが組み込まれていきます。

この間も、セクハラ労災訴訟を継続しているのですが、北海道にいたころからずっと考えていたのは、もっと身近なところでセクハラについて相談できるところがほしい、ということでした。私自身、いろいろなところに相談し、最後にたどりついたのがウイメンズ・ネット函館。その後の活動の中で、私と同じような思いをしたという人たちの声を聞くにつれ、職場のセクハラについて闘えるユニオンがひとつでも多くほしいという思いがふくらんでいきます。セクハラは労働組合が会社に団体交渉を申し入れるなどして解決することもできますが、どこの労働組合でもセクハラ相談を受けられるわけではありません。性差別や性暴力に対する専門的な知識や理解が必要です。相談をする中で、被害者がさらに傷つく「二次被害」が起きることもしばしばあるからです。また、各地の女性ユニオンと連携をとりながら広く展開していく必要があるとも考えました。パープル・ホットラインの相談員を務めたことで、その意をさらに強くします。

２０１２年２月、セクハラ問題に専門的に取り組む女性の労働組合、パープル・ユニオンを立ち上げました。先の電話相談もそうですが、「パープル」というのは、女性に対する国際的な暴力根絶運動である「パープルリボン・プロジェクト」に由来します。

パープル・ユニオンに寄せられたさまざまな相談

パープル・ユニオンには、セクハラ被害の相談がいろいろと寄せられました。体調が悪化し、退職するまでの状況に追い込まれ、やっとの思いでユニオンに相談しに来る人も少なくありません。ひとりでは立ち向かえなくても、ユニオンに加入し、団体交渉や裁判などをともに闘うことで、会社や加害者の謝罪や補償を引き出すことができます。次に、いくつかのケースを紹介しましょう（事例は、個人の特定ができないように手を加えてあります）。

【相談に乗ってくれた上司の誘いを断り切れず体調悪化で退職】

職場の人間関係に悩んでいたとき、親身になって相談に乗ってくれた上司がいました。彼から、「食事をしながら相談に乗るよ」と誘われ、二人きりということに抵抗を感じたものの、これまでのことを考えると断れず食事に応じました。指定された店に行くと、狭い個室。上司はお酒が進むうち、いきなりキスを。「帰ります」と言って店を出ましたがショックのため、どうやって帰宅したのか覚えていません。

しばらくして、同僚の嫌がらせを受け泣いているところ、通りかかった上司に声をかけられ思わず打ち明けてしまいます。しかし、その日を境に、また執拗に食事の誘いが始まります。やっとみつけた仕事を失いたくなかったし、相談に乗ってくれるのはその上司しかいなかったので、誘いに応じるしかありませんでした。次第に、旅行にも誘われるなどセクハラ行為がエスカレートします。そのうち、毅然とした態度で断ることができない自分を責めるようになり、不眠や体調不良で出勤できなくなり休業しました。

会社に相談したところ、上司は「恋愛関係だった」と言ったそうで、調査しても双方の意見が食い違うとの対応。ますます体調が悪化し退職しました。

◈ユニオンに加入し、団体交渉を会社に申し入れるが、交渉を拒否。そこで、ユニオンが不当労働行為*1として労働委員会に申し立てを行い、会社と加害者から謝罪と解決金の支払いを受け決着。


【女性社員は取引先との接待のお土産⁉】


あるとき、上司に取引先との接待に呼び出されました。お酒も入り、先方の社員が、「お持ち帰りできるの？」。上司も「どうぞ、どうぞ」と答えていたので、車でホテルまでその社員を送るよう指示されたときは強い抵抗感と恐怖も感じました。やはり、車中で、足の間に手を入れてきたり、胸を触ろうとするなどのセクハラ行為に体をよじって避けるのが精一杯でした。

翌日、上司に前夜のことを訴えたのですが、「あの人は昔からそうなんだよなー」と相手にされず、そばで聞いていた男性社員からも、「それだけ魅力的ってことだよ」

と笑い飛ばされる始末。同僚に相談すると、ほかにも同様な被害にあった女性社員が数人いて、何も言えずに退職していった人もいるとのこと。

その後、例の取引先社員が来ると、仕事に集中できなくなって突然涙が止まらなくなるといった状態になりました。心療内科を受診すると抑うつ状態と診断され、異動希望を出しますが聞き入れてもらえず、さらに体調が悪化したため、家族のすすめもあり退職しました。

しかし、退職しても被害にあったときの夢をみて不眠が続くなどの症状が続き、再就職も困難に。自治体の無料法律相談で弁護士からセクハラだと言われたものの裁判をする費用もなく、均等室で紛争解決の方法を教えてもらうも体調が悪く、自分ひとりで乗り切る自信はありませんでした。

◆ユニオンに加入し会社と団体交渉を行い、安全配慮義務違反*2を認めさせ、謝罪と解決金の支払いで決着。

【シングルマザーをターゲットにする職場】

離婚後、働き始めた職場で、シングルマザーと知った男性社員たちから、ひとり寝は寂しいだろうといったことを言われ続け、それでも子どもたちのことを思ってがんばって働いていたのですが、次第に不眠など体調が悪くなり退職しました。すぐにも再就職したかったものの、人と会うのが怖くなって外出もできなくなり、働くことも困難な状況に追いやられてしまいました。

◆友人のすすめでユニオンに相談したが、体調に自信がなく、労災の申請のみ行い労災支給が決定。しかし、労基署や周囲の対応に、症状が悪化。ユニオンの紹介で転院しＰＴＳＤと診断され治療を受けていたが、労基署から他県の病院に通院する場合の交通費は支給できないと言われ、実費で通院中。

【証拠を示してもセクハラを認めない】

契約社員として働いていた会社の忘年会の席で、隣に座った上司から、「ちょっと内々に同僚のＡさんのことで相談したいことがあるから、もう一軒つき合ってほしい」と言われ、二人きりで居酒屋へ。そこで、同僚の話はそっちのけで、「恋人はいるのか」などと話が変な方向になってきたので早々に店を出たところ、帰り道の街灯のとぼしいところでいきなり抱きつかれキスをされました。

すぐに会社の相談窓口に訴えますが当の上司は否認。しかし、被害直後にキスされたと友だちに知らせたメールを示すと、キスしたことは認めたものの、今度は私が暗い道を選んで誘ったと主張。会社の相談窓口の担当者からも、近道とはいえ暗い道を歩いたなら誤解されると言われました。

このような理不尽ともいえる対応に、抑うつ状態になり休職しますが、会社からは休職が長引くようなら次の契約更新はしないと通告され、結局、更新されませんでした。

◆ユニオンに加入し、団体交渉を求める。交渉では解決にいたらず、その後提訴。会社側の対応により原告が精神的苦痛を受けたことへの謝意と解決金の支払いで和解成立。

本人だけでなく家族にも大きな影響を与えることも

セクハラ被害は、本人はもちろんのこと、家族にも大きな影響を与えます。次に紹介するのは、母親へのセクハラ被害が、子どもたちの心や体をもひどく傷つけるというものです。

【母親への被害により子どもたちも心身トラブルに】

シングルマザーで子どもたちを育てながら働いていた女性がセクハラ被害にあい、子どもたちの生活も一変しました。明るく社交的な母親が突然働くことができなくなって寝込む日が増えていく中で、上の子どもは、母親が心配で学校に行きたくなかった、帰宅しても母親の寝息を聞いて息をしているか確認するまで安心できなかったといいます。

下の子は、目をパチパチしたり首をふるチック症状が出て、頭に円形脱毛ができました。結局、祖父母宅に母親と子どもたちは引き取られたのですが、あのころのことを思い出すと今も胸が痛くなると言います。

そして、「母にひどいことをした人や会社の人は、謝ることも反省もしないままです。セクハラはいけないことだと学校では教えているのに、なぜ、それが会社では守られないの？」「私たちは、セクハラによって子ども時代を奪われた」と訴えます。

セクハラを許さない社会の実現を

ワンストップでつながる支援体制

私の場合、最後にたどりついたウイメンズ・ネット函館は、ＤＶや性暴力の被害者支援とユニオンの両輪で活動を行っていました。そのため、関係機関との連携がすでに構築されているので、被害者が弁護士事務所や行政機関（労災申請窓口の労基署、生活保護や障害年金の受給申請などを行う自治体の窓口など）、医療機関などで同じ話を繰り返さなくてもよく、関係機関につなぐ役割や、必要であれば同行支援も行ってくれました。

また、一時避難場所としてステップハウスを利用でき、退所後の住居探しや引っ越しのサポートも受けることができました。医療機関でデイケアをすすめられましたが根強い男性恐怖があり、一般に用意されている回復支援サービスは受けられませんでしたが、体調の状態に合わせて選挙事務所で軽作業などの手伝いをしたことが段階的就労支援の役割を果たしていたと思います。まさに、課題解決から自立支援までの伴走型支援でした。

そのような経験から、セクハラ被害者の回復支援には、ワンストップで関係機関に

表6-1　セクハラによる労災の決定数、支給決定数

2015年		2016年		2017年	
決定数	うち支給決定数	決定数	うち支給決定数	決定数	うち支給決定数
44	24	50	29	64	35

出所：厚生労働省「平成29（2017）年度精神障害の労災補償状況」

つなぐシステムが被害者の負担軽減のためにも必要だと思います。同時に、被害者の中長期にわたる支援の法整備も求められます。私が受けた支援が特別な支援ではなく、全国どこに住んでいても受けられる支援として法制化する必要があると思っています。

現在、各都道府県に「行政が関与する性犯罪・性暴力被害者のためのワンストップ支援センター」（【巻末資料5】参照）が設置され始めているのは、一歩前進です。

セクハラ労災の認定の迅速化と適切な運用実施

被害者の回復支援には、安心して療養できる環境づくりも重要です。2011年にセクハラ労災の認定基準が見直されましたが、現在でも申請件数の約半数しか労災認定されていません（表6－1）。労災は被害者にとって命綱です。適切な運用がされているかどうかを検証すると同時に、迅速に認定されるためにさらなる見直しを検討する必要があるでしょう。

思えば、支援者をはじめ、女性の人権のために全国で草の根の

運動を続けてきた女性たちとの出会いはもちろん、多くの被害女性たちとの出会いは、私が国を相手に闘うことを後押ししました。労災認定基準の見直しでは、そういった被害者一人ひとりの声が新基準に盛り込まれ、私たちの痛みは大きな力に変わることを知りました。

パープル・ユニオンに続き、2013年6月、当事者自身の手によって、「労働権」「性的自己決定権」「生存権」の確立を目的とした「女性と人権全国ネットワーク」を設立しました。女性や困難を抱える当事者の人権に関わる問題を「政治的課題」として可視化しようというものです。私は「当事者こそが専門家」だと考えています。セクハラ被害者の支援体制、法整備はどのようなものにすればよいかは被害者が誰よりもよく知っています。しかし、実際には、政策決定の場に当事者がいないことが多いと感じています。一人ひとりの声をしっかりと法制度につなげていくためにも、当事者が政策づくりをする側に入っていって課題解決に取り組む必要を感じています。私もセクハラ被害の当事者、パープル・ユニオン執行委員長として共同代表に名を連ねています。

被害者の実態に即した法整備を

#MeTooムーブメントが世界中で広がりを見せる中、日本でも多くの女性たちが声をあげ始めています。２０１８年4月、「セクハラ被害者バッシングを許さない4・23緊急院内集会」が開催されました。発言者一人ひとりのメッセージや会場に集まった参加者の熱気は、実態に即した法整備に向け新たなうねりをつくりすそ野を広げています。

国際的にはＩＬＯ（国際労働機関）が２０１８年6月、「仕事の世界における暴力とハラスメント」に関する条約の策定に向けて大きく動きだしました。いまだハラスメント禁止規定もセクハラ罪もない日本でも、国内法の整備に期待が高まっています。9月からは厚労省の労働政策審議会雇用環境・均等分科会でハラスメント防止対策に向けた議論が始まりました。男女雇用機会均等法（以下、均等法）の改正やパワハラ防止対策をめぐる議論です。しかし、相次ぐセクハラ問題から現行法の限界が明らかになったにもかかわらず、ハラスメントの禁止規定などを求める声に対して、使用者側がその必要性に難色を示し、実態に即した法改正にむけた議論には発展していません。

均等法には、セクハラ防止規定がありますが、今もセクハラがあとを絶たない現状をふまえ、「どうすればセクハラを発生させずにすむのか」「労働者が安全に働くために何ができるのか」「セクハラがあったときにどのような救済を行うか」という女性たちの声を反映させた議論を展開していかなければ、実効性のある法整備には結びつかないでしょう。そこで、２０１８年11月、被害者の訴えをしっかりと法整備に反映させるために、厚労省に宛てて各地の女性ユニオンの連名で、均等法等改正にむけて次のような要望を出しました。

●セクシュアルハラスメントの禁止規定を定め、加害者を含む処罰規定を設けること。
●セクシュアルハラスメント被害者の雇用の継続をはかり、賃金支給、職場復帰を保障し、労働権の確保を企業に義務づけること。
●セクシュアルハラスメントの相談・救済のための実効性ある第三者機関を設置すること。
●セクシュアルハラスメント被害からの回復支援措置を企業に義務づけること。
●退職者も含めたセクシュアルハラスメント被害実態調査を国の責任で実施すること。

私が10年近くにわたるセクハラ労災認定の闘いで身をもって学んだこと、それは、

「やめない、負けない、あきらめない」

セクハラを根絶するためには、まだまだ多くの課題が山積していますが、私たちの声は必ず社会を変えると確信しています。

（＊1）労働組合法第7条では、労働組合に加入したことを理由に嫌がらせをしたり、不利益な取り扱いをすること、団体交渉の申し入れを拒否することを、不当労働行為として禁止している。不当労働行為があった場合は、各都道府県に設置されている「労働委員会」に救済の申し立てを行うことができる。

（＊2）労働契約法第5条には、「使用者は、労働者が安全に労働することができるように配慮する」ことが明記されている。セクハラは労働者の安全が脅かされている状態なので、会社がこれを放置するのは安全配慮義務違反となる。

コラム❺

女たちの運動で制度を変える

——人間のつけた傷は、人間で癒す

遠藤　智子

男性が増えれば加害者率が増える

女性に対する暴力根絶という視点から見ると、日本の法整備状況は驚くほど貧しい。世界から50年遅れていると言われる。女性に関わる法整備がここまで不十分なまま放置されている最大の理由は、国会議員の大多数が男性だからではないのか。

単純に統計からみれば、男性が増えれば増えるほど性暴力の加害者は増える。ゆえに男性が大多数のグループは「加害者率が高い＝ジェンダー課題に興味・関心・理解がない」のではないかと私は疑っている。さもなければ、2018年4月に起きた財務省福田事務次官のセクハラ行為があの程度の処分ですまされるはずはなく、セクハラで二度も議会で不信任決議された群馬県みなかみ町長が議会解散に打って出ることもなかっただろう。

多くの男性は「俺はセクハラしない」という。それはある意味正しい。彼らが何がセクハラかを決めることができるからだ。だが、それではセクハラ「被害」をなくすことにはつながらない。彼らは「被害」がどんなものかを想像することはできないのだから、「被害者に寄り添った支援制度をつくろう」とは発想しない。そして国会では、女性に対する暴力なんてしょせん他人事、になるのである。そんな国会においても、セクハラやDVをめぐって被害当事者と支援者は「他人事の高い壁」を突き崩してきた。振り返れば、その動きは今日の#MeTooにいたる道だったのだと思う。

「当事者はゆるくない」

2004年、DV防止法改正という大仕事が終わってすぐ、北海道シェルターネットの近藤恵子さんが「遠藤さん、次は均等法の改正です」と言った。淡々とうれしそうに。「何を？」と聞いたら、「セクハラは事業主の配慮義務ではダメだ、もっと厳しくする」と。そして「セクハラ労災認定の裁判をする」と言う（佐藤さんではなく、別の人の事案）。そんなことができるのかと思い、「え？認定の根拠は何ですか？」と聞いたら、近藤さんが「知らない。職場のせいで病気になるんだから、労災っしょ」「裁判の準備してるけど、弁護士もわからんと言ってるが、絶対労災になる」と言う。焦って根拠を探したところ、均等法の第一次改正（1997年、施行は99年）のときから実は、労災認定基準にセクハラが盛り込まれていたことがわかった。

感動した。シェルターネットや女性ユニオンの人々のすごさはここに尽きる。彼女たちは（行政のように）法律があるから被害者を支援するのではない。支援が必要だから寄り添うだけだ。そして、根拠がなければ根拠を、法を創りだすべきだと考えて行動する。30年近く労働組合の役員として暮らし、男性論法に慣れ親しんだ私にとって、女性たちの運動は驚きの連続だった。

さっそく労災認定されなかった事案について、国会関連の交渉ということになった。DV防止法改正のときにお力をいただいた議員や官僚の皆さんと相談しながら、「労災申請」の実務に関わる方々と現場の支援者との意見交換が実現した。

その事案はあたかも恋愛関係に見える事案だった。巧妙な性的搾取の事案である。この被害を理解するのはとてもとても難しいだろうと思ったのを鮮明に覚えている。北海道ウイメンズ・ユニオン執行委員長の小山洋子さんに「難しいねぇ」と言うと、「何が難しいさ。これは、男が悪いの。当事者はゆるくないよ（大変なんだよ）」とすっぱり言われ反省した。

今では裁判等でも「迎合メール」（100頁コラム参照）などという言葉が使われるほど、被害にさらされた女性たちの心理に対する理解も進んできたが、小山さんたちはいつだって、何が起こっているのかについて決して誤解せず、間違った判断をしない。感服する。

結果として労災を勝ち取り、その後、厚生労働省は2005年12月1日付で、セクハラによって精神障がいなどが起きた場合には労災の対象になる、との「通知」（84頁参照）を全国の労働局宛てに出した。

均等法第二次改正

第二次均等法改正時には、雇用均等分科会の審議に焦点を絞ったロビー活動を行った。労働政策審議会は労働者、使用者、公益代表が論議し、法律の枠組みがほぼここで決まってしまうというきわめて大事な場である（ではそこに、セクハラ被害当事者はいるのか？　もちろんいない）。当事者の声を政策に反映させるためには、法案になる前が勝負なのだ。

全国のシェルターネット、女性ユニオンでは相談事例を洗い出して99例に絞り込み、現状からの問題提起を行った。当時、日本でセクハラ相談を最も多く取り扱っていたのは北海道ウイメンズ・

ユニオンだったと思う。泊まりがけで札幌に行き、事例のまとめをお手伝いした。

つらすぎると思った。今も変わらないが、「セクハラを訴えるのは退職してから」であり、訴えたときに職場のトラブルメーカーにされてしまう状況が手に取るようにわかる事例ばかりだった。小さな職場でのセクハラも想像を超える苛酷さであった。心身を病む人も数えきれない。

一方、日本フェミニストカウンセリング学会では2005年6月に、「安心して働きたい！　均等法改正キャンペーン」として、セクシュアルハラスメント・ホットラインを実施した。2672件（メールでの相談を含む）もの着信があった。集計して驚かされたのが、強制わいせつ、レイプなど犯罪にあたる行為が6割近くを占めたことである。現場実感のとおりだった。セクハラは「軽く」なんかない。明確に性をターゲットとした暴力なのだ。

ホットラインの内容、相談事例のまとめなどを携えて、連携団体そろって連合の担当役員、厚生労働省の担当者などに面会し、訴え続けた。国会内外での集会も開催し、アピールに努めた。一度だけ、労働政策審議会・雇用均等分科会の委員も参加してくださった。官僚の担当者の理解も大変深く、要望する側もとても勇気づけられた。結果、2006年にセクハラ対策が事業主の措置義務に強化された（2007年施行）。

国際水準に近づける
――今、日本で必要とされている制度・法律

現在、国連の国際労働機関（ILO）は、仕事の世界での暴力やハラスメントをなくすための新たな国際基準を議論している。日本においても、2018年秋、労働政策審議会の雇用環境・均等

分科会でこの課題の審議が始まった。

法整備の方向を議論する際には、現行の均等法では職場のセクハラ防止措置を事業主に義務づけているだけで、セクハラの定義や禁止規定はどの法律にもなく、被害者は自ら刑法に訴えるか損害賠償請求をするしかない状況だということをよく考えてほしい。セクハラだけではない。性をターゲットとした暴力被害についての課題は、加害者が処罰されないことである。日本社会は被害者支援には一定の理解を示すが、加害者処罰には二の足を踏む。深いところで立法も行政も司法も、「被害者にも原因がある」といった「レイプ神話」に、影響されてはいないか。今、性暴力被害の法制度の国際水準は「同意なき性行為はすべてレイプ」である。女性の性的自己決定権に立脚した当然のことだと思う。日本も、セクハラを禁止し被害者をケアする新法の整備など、抜本的に取り組むべき時期である。

初めて佐藤かおりさんに会ったのは、働く女性の全国センターの定期大会だった。体調がとても悪い時期だったそうで、ウイメンズ・ユニオン函館の古川満寿子さんがていねいに付き添ってていた。佐藤さんの「回復」に古川さんやユニオンの女性たちが果たした役割はとても大きい。

セクハラや性暴力は「人間に傷つけられること」だから、「人間に癒されて回復する」のだと、近藤さんたちは言う。そのとおりだと思う。「癒し手」としての支援者、「痛みを共感できる」支援者を潤沢に被害者の周囲に配置できることの必要性を社会に知らせたい。そのために、もっと多くの当事者が声をあげられるうねりをつくっていかなくてはと考えている。

おわりに

２０１８年4月、福田財務次官（当時）や麻生財務相らのセクハラ発言に関して「セクハラ被害者バッシングを許さない」緊急集会が開かれました。被害を告発したテレビ朝日記者へのバッシングに怒りを感じ、「被害者を孤立させてはいけない」と私も含め１００人を超える人々が集会に駆けつけました。

その後も、官僚や政治家、自治体の長、さまざまな分野の著名人などによるセクハラが相次いでいます。２０１７年に#MeTooという世界的なムーブメントが起こり、18年は性暴力だけではなく、「医学部入試女性一律減点」など日本社会の女性差別が露呈した年でもありました。２０１９年も女性たちからの告発は続いています。

セクハラが起きるには、背景があります。今の日本は、「セクハラが起きやすい」社会なのではないでしょうか。セクハラを禁止する法律がないことや、性暴力の被害者支援法がないことなど、ＥＵ諸国や韓国、台湾等に比べて、法整備が遅れていることは明らかです。

被害者は、「セクハラだと認めてほしい」「謝罪してほしい」「二度と被害を繰り返してほしくない」と訴えます。この声にどう応えればいいのでしょう。

「当時者こそが専門家」です。セクハラの防止や被害者支援に必要なことは、セクハラ被害者が誰よりもよく知っています。立法への当事者参画が求められているのです。

長い闘いの膨大な資料をひも解きお骨折りいただいた杉村和美さん、松田容子さん、西川敦子さん、コラムを執筆いただいた戒能民江さん、近藤恵子さん、中野麻美さん、周藤由美子さん、遠藤智子さんにお礼を申し上げます。

また本書の刊行は、私が当時を振り返るきっかけにもなりました。とことん当事者主義で寄り添い支え、ともに闘ってくださったウイメンズ・ネット函館の古川満寿子さん、北海道ウイメンズ・ユニオンの小山洋子さん、全国女性シェルターネットの近藤恵子さんをはじめ支援者のみなさん、弁護団のみなさんに心から感謝申し上げます。そして、日常生活もままならないときも支えてくれた友人にも、感謝を。裁判の陳述で不安な気持ちを和らげてくれたのは、同じように被害にあった女性たちからプレゼントされたピアスやネックレスでした。いつもそばにいてくれてありがとう。本当にたくさんの支えがあって闘い抜くことができたと思っています。

長いつき合いの友人に私の体験を本にすると告げたとき、打ち明けられた言葉があります。「かおり、人って本当に回復するんだね」。当時は記憶をなくしたり能面のような私を見て、「かおり、もうダメなんだ……」と気持ちが落ち込んだこともあったそうです。人は、適切な支援があれば必ず回復します。その支援は、特別な支援ではなく、全国どこに住んでいても受けられる支援でなくてはならないと思います。

そして、暗闇の中にいるかもしれないあなたへ。「あなたはひとりじゃない」と声をかけたい。なぜなら、あなたの痛みは、私たちの痛みにほかならないからです。今は無理でも、いつか一緒に「痛みをちからに」していける日がきます。私がそうだったように。

2019年1月

佐藤　かおり

わたしを生きる知恵

―80歳のフェミニストカウンセラーからあなたへ―

河野貴代美著（対談：岡野八代）

四六判ソフトカバー　本文245頁　本体1700円　ISBN978-4-380-18004-0

◉落合恵子さん推薦「わたしたちは「ここ」から始まった。時に「ここ」に戻り、しばし羽根を休め、再び「ここ」から飛び立った。これまでも、今も、これからも。In sisterhood」

女性活躍といわれる時代ですが、働いている女性も、仕事では男性以上に努力し、そのうえ家事・育児ももっぱら担うというのが多くの女性の実態でしょう。どこでどんなふうに生きていても、生きがたいという現実。個々の女性たちが、のびのびと自分らしく生きられる社会とは言いがたい、それが日本の女性の現在ではないでしょうか。

女性が自分に出会い、自分自身を生きていくために必要な知恵や歴史を、フェミニズムに出合った私たち世代の女性が語り継ぐことが必要だと考えました。それは、きっと女性たちの力になるでしょう。（著者まえがきより）

新装改訂

生きる勇気と癒す力

―性暴力の時代を生きる女性のためのガイドブック―

エレン・バス、ローラ・デイビス 共著
原美奈子、二見れい子 共訳

A5判 ソフトカバー 本文484頁、資料36頁 本体5000円 ISBN978-4-380-07203-1

沈黙を破り、回復を共有する。
本書はサバイバーにとって、限りなく大きな一歩となるでしょう。

ジュディス・L・ハーマン（医学博士、『心的外傷と回復』著者）

性的虐待を受けた人たちが苦痛に感じていること、困惑していることを、当事者の立場から具体的に考え、対処する。エンパワーする。当事者にとって本当に頼りになる―それがこの本の一番の特徴だろう。

小西聖子（武蔵野大学教授 精神科医）

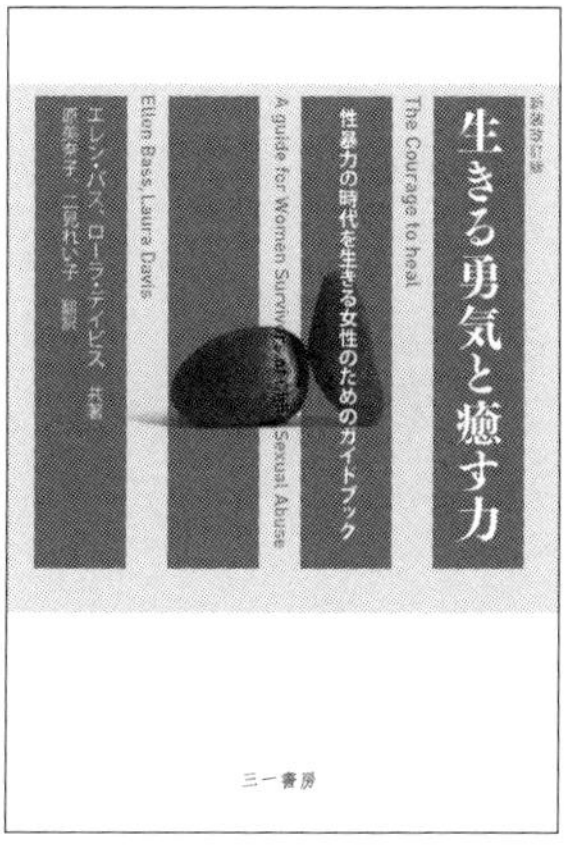

著者プロフィール

佐藤　かおり（さとう・かおり）

1967年11月16日、北海道稚内生まれ、函館育ち。國學院大学北海道短期大学部国文科卒業。医療現場に7年間勤務。同時に司会業15年。派遣社員として勤務した大手通信会社でセクハラ被害に遭う。2010年セクハラ労災行政訴訟を起こし勝訴（2015年）。セクハラ労災の認定基準見直しのきっかけとなる。DV・性暴力被害女性支援、子どもサポート、女性の労働問題、東日本大震災支援等に携わる。女性と人権全国ネットワーク共同代表、パープル・ユニオン執行委員長、性暴力禁止法をつくろうネットワーク運営委員、NPO法人全国女性シェルターネット前事務局長。

セクハラ・サバイバル
――わたしは一人じゃなかった

2019年3月5日　　第1版第1刷発行

著　　者　佐藤 かおり　©2019年
発 行 者　小番 伊佐夫
印刷製本　中央精版印刷株式会社
編　　集　杉村 和美
装　　丁　Salt Peanuts
D T P　市川 九丸
発 行 所　株式会社 三一書房
〒101-0051 東京都千代田区神田神保町3-1-6
☎ 03-6268-9714
振替 00190-3-708251
Mail: info@31shobo.com
URL: http://31shobo.com/

ISBN978-4-380-19001-8 C0036
Printed in Japan
乱丁・落丁本はおとりかえいたします。
購入書店名を明記の上、三一書房までお送りください。

コラム執筆者プロフィール

近藤 恵子（こんどう・けいこ）
1993年、札幌市に女性の人権ネットワーク事務所「女のスペース・おん」開設。道内初の民間サポートシェルターを開設運営する。同年「札幌ウイメンズ・ユニオン」設立。1998年「全国女性シェルターネット」設立に関わり、2002年から共同代表を務める。2012年「女性と人権全国ネットワーク」共同代表。

周藤 由美子（すとう・ゆみこ）
ウィメンズカウンセリング京都フェミニストカウンセラー。京都性暴力被害者ワンストップ相談支援センター（京都SARA）スーパーバイザー。性暴力禁止法をつくろうネットワーク共同代表。セクハラ専門相談員や性暴力裁判の意見書作成にも取り組んでいる。

戒能 民江（かいのう・たみえ）
専門はジェンダー法学・女性に対する暴力研究。キャンパスセクハラ全国ネットワーク事務局長、厚生労働省精神障害の労災認定基準専門検討会・セクハラ分科会委員等を歴任。「女性と人権全国ネットワーク」共同代表。主著に戒能民江編著『危機をのりこえる女たち―DV法10年、支援の新地平へ』（信山社）。

中野 麻美（なかの・まみ）
弁護士。弁護士法人りべるて・えがりて法律事務所所属。NPO法人派遣労働ネットワーク理事長。日本労働弁護団常任幹事。主な著書：『労働ダンピング―雇用の多様化の果てに』（岩波新書）、『新しい労働者派遣法の解説』（旬報社）、『ハラスメント対策全書―職場における人権保障と活性化のために』（エイデル研究所）。

遠藤 智子（えんどう・ともこ）
80年代より日本フェミニストカウンセリング研究会に参加。2003〜2011年全国女性シェルターネット事務局長。DV防止法、雇用機会均等法等の改正や政策提言に取り組む。編著書：『女性たちが変えたDV法』（新水社）、『デートDV』（K.K.ベストセラーズ）、『下層化する女性たち』（勁草書房）。

編集協力：松田容子

主な参考資料

- 佐藤香「職場のセクシュアル・ハラスメント被害者救済の課題—「労災の壁」とたたかう」『脅かされる雇用と労働者の権利』(女性労働研究57号)2013年3月
- 佐藤香「セクハラ労災認定への道のり」『労働法律旬報』1860号、2016年3月
- 「セクシュアルハラスメント」『女も男も』132号、2018年12月
- 「職場のいじめ・パワハラとメンタルヘルス対策」『女も男も』120号、2012年12月
- 宮地尚子『トラウマ』岩波新書、2013年1月
- 精神障害の労災認定の基準に関する専門検討会(セクシュアルハラスメント事案に係る分科会)議事録　https://www.mhlw.go.jp/stf/shingi/other-roudou_128915.html

巻 末 資 料

【資料1】

セクシュアルハラスメント関連年表

年	月	著者に関する出来事	社会の動き
1967(S42)	11	著者誕生	
1979(S54)			国連総会で女性差別撤廃条約採択(日本の批准は1985年)
1985(S60)			男女雇用機会均等法制定
1986(S61)			ヴィンソン事件(米・連邦最高裁がセクハラは性差別と判断)
1988(S63)			「性的嫌がらせをやめさせるためのハンドブック」発売(三多摩の会)
1989(S64)			福岡事件(初のセクハラ裁判)、92年原告勝訴
1992(H4)		司会の仕事を始める(25歳)	
1993(H5)			京大・矢野事件(大学教授による秘書に対するセクハラ事件)
〃			キャンパス・セクシュアル・ハラスメント・全国ネットワーク設立
〃			国連総会で「女性に対する暴力の撤廃に関する宣言」採択
1995(H7)			第4回世界女性会議 北京宣言
1996(H8)			米国三菱自動車製造がEEOCからセクハラに関する集団訴訟を起こされる
1997(H9)			均等法にセクハラ規定おかれる(配慮義務。施行は99年)
〃			横浜セクハラ事件高裁判決。原告勝訴(被害者は抵抗をするはずという「強姦神話」の壁を打ち破った)
1998(H10)			人事院規則10-10にセクハラ規定おかれる(施行は99年)

年	月	著者に関する出来事	社会の動き
1998（H10）			秋田県立農業短期大学セクハラ事件高裁判決。原告勝訴（被害者は抵抗をするはずという「強姦神話」の壁を打ち破った）
1999（H11）			東北大セクハラ事件で原告勝訴（恋愛関係にあったなどの「合意の抗弁」の壁を打ち破った）
〃			大阪府知事セクハラ事件地裁判決。原告勝訴
〃			男女共同参画社会基本法施行
〃			労働省通達「心理的負荷による精神障害等に係る業務上外の判断指針について」
2000（H12）		父亡くなる（33歳）	ストーカー規制法施行
2001（H13）	1	派遣社員として大手通信会社に勤務	DV防止法制定、施行
2003（H15）	6	インストラクター業務に	
〃	12	忘年会の二次会でセクハラにあう	
2004（H16）	6	心療内科を受診	
2005（H17）	5	派遣会社に相談	
〃	9	インストラクターをやめる	
〃	12	派遣先の上司に相談	厚労省通知「セクシュアルハラスメントによる精神障害等の業務上外の認定について」
〃	〃	派遣先の労組に相談	
2006（H18）	6	派遣会社の支店長から呼び出し	
〃	〃	病院で北海道ウイメンズ・ユニオンの女性カードを目にする	
〃	7	ユニオンに相談・面談	
〃	〃	退職	
〃	8	派遣先に団体交渉申し入れ	均等法改正（セクハラ対策が措置義務に強化。男女労働者が対象に。施行は2007年）。労働者派遣法・セクハラ指針に派遣元・派遣先双方の使用者責任を明示
2007（H19）	1	選挙事務所でアルバイト開始。フラッシュバックが起き、体調悪化	

年	月	著者に関する出来事	社会の動き
2007(H19)	7	民事裁判(損害賠償請求)を起こす(2008年10月和解)	
〃	9	労災申請①(06年7月7日〜07年8月23日の休業補償給付請求)	
2008(H20)	4	不支給決定①	
〃	5	家を出てステップハウスへ	
〃	9	審査請求が棄却①	
2009(H21)	7	再審査請求が棄却①	「心理的負荷による精神障害等に係る業務上外の判断指針について」一部改正
2010(H22)	1	労災認定を求め行政訴訟を起こす	
〃	3	呼びかけ団体結成	
〃	10	呼びかけ団体が厚労省に要望書(セクハラ分科会の設置について)提出	厚労省「精神障害の労災認定の基準に関する専門検討会」開催
〃	11	国が労災を認める	
〃	12	労災申請②(07年8月24日〜10年9月30日の休業補償給付請求)	
2011(H23)	1	東京へ。パープルダイヤル相談員に	
〃	2	労基署が①の支給を認める	厚労省検討会に「セクシュアルハラスメント事案に係る分科会」設置
〃	3	①の訴訟を取り下げ。一部支給されなかった部分について審査請求	
〃	6	呼びかけ団体が厚労省に要望書(労災認定判断基準の見直しについて)提出(1回目)	セクハラ分科会「報告書」公表
〃	7	上記審査請求が棄却	
〃	11	呼びかけ団体が厚労省に要望書(労災認定判断基準の見直しについて)提出(2回目)	
〃	12		厚労省「心理的負荷による精神障害の認定基準」(「心理的負荷による精神障害等に係る業務上外の判断指針」を改訂し、新しい認定基準を定める。セクハラによる被害をより広く労災として認定できるようになった)

年	月	著者に関する出来事	社会の動き
2012（H24）	2	②の請求のうち通院日のみを支給決定	
〃	〃	パープル・ユニオン結成	
〃	3		厚労省「職場のパワーハラスメントの予防・解決に向けた提言」（パワハラ防止ガイドライン）
〃	4	①の一部支給されなかった部分についての再審査請求が棄却	
〃	10	①の一部支給されなかった部分についての不支給決定の変更を求め、行政訴訟を起こす（2回目）	
〃	12	②の請求のうち支給されなかった期間に関する審査請求が棄却	
2013（H25）	11	②の請求のうち支給されなかった期間に関する再審査請求が棄却	
〃	12		均等法指針改正（同性に対するセクハラも対象。ジェンダーハラスメントについての記載。施行は2015年）
2014（H26）	5	②の期間の不支給決定の変更を求め、行政訴訟を起こす（3回目）	
2015（H27）			第4次男女共同参画基本計画（処罰、再発防止策、被害者のケアなどを明記）
〃			L館事件最高裁判決（最高裁が「合意の抗弁」を否定。セクハラ発言を理由の管理職懲戒は有効とした）
〃	3	2回目の行政訴訟、勝利判決	
〃	6	国が②の期間の休業補償給付を支給すると決定。3回目の裁判を取り下げる	
2016（H28）	3		均等法、育児・介護休業法が改正され、「妊娠・出産・育児休業・介護休業等に関するハラスメント防止措置」をおく（施行は2017年1月）
〃			人事院規則10-10改正（SOGIハラもセクハラに含まれると明記）

年	月	著者に関する出来事	社会の動き
2017（H29）			刑法改正（強姦罪を強制性交等罪に、男性も対象、非親告罪化）
〃			米国から世界へ#MeToo運動拡大
〃			伊藤詩織『ブラックボックス』出版（文藝春秋）
2018（H30）	4		財務事務次官セクハラ事件（テレビ朝日記者が告発）
〃			日本でも#MeToo、#WithYouの動き
〃	6		ILOで「仕事の世界における暴力とハラスメント」国際基準（条約）策定の議論始まる
〃	9		労政審の雇用環境・均等分科会で均等法改正・パワハラ対策についての議論始まる
〃	12		雇用環境・均等分科会「報告書」公表

【資料2】

精神障害の労災認定の基準に関する専門検討会
セクシュアルハラスメント事案に係る分科会報告書

（平成23年6月28日）

1　はじめに

精神障害の労災認定について、「セクシュアルハラスメントを受けた」ことは、職場における心理的負荷となる具体的な出来事の一つとして、「心理的負荷による精神障害等に係る業務上外の判断指針」（以下「判断指針」という。）のうち別表1「職場における心理的負荷評価表」（以下「評価表」という。）に位置づけられている。

しかし、セクシュアルハラスメントは、その性質から、被害を受け精神障害を発病した労働者（以下「被害者」という。）自身の労災請求や労働基準監督署での事実関係の調査が困難となる場合が多いなどの他の出来事と異なる特有の事情があることから、実態を適切に把握した上で、精神障害の労災認定の基準の検討を行う必要がある。

このため、「精神障害の労災認定の基準に関する専門検討会」（以下「専門検討会」という。）の下に「セクシュアルハラスメント事案に係る分科会」（以下「分科会」という。）を開催し、セクシュアルハラスメント事案についての特有の事情を踏まえた精神障害の労災認定の基準やその運用の在り方について検討を加えた。今般、その検討結果を取りまとめたので専門検討会に報告する。

2　認定の基準について

（1）心理的負荷の程度とその評価方法

ア　平均的な強度とその修正

「セクシュアルハラスメントを受けた」という出来事について、現行の評価表はその平均的な心理的負荷の強度を「Ⅱ」としている。しかしながら、セクシュアルハラスメントの態様は様々であり、これによる心理的負荷の強度も、弱いものから極めて強いものまで幅広く存在する。

日本産業精神保健学会が実施した「ストレス評価に関する調査研究」（平成23年3月）の結果では、当該出来事の平均ストレス点数は5.6であり、平均的強度Ⅲの出来事の水準（7.1～5.8）には至っていなかった。しかし、その回答分布をみると、0～10点の11

段階のうち、最も多い回答は５点（中程度のストレスを感じた）であるが、次に多い回答は10点（極めて強いストレスを感じた）であり、回答分布が二極化していることが認められる。

また、過去の労災請求事案でも、出来事の強度をⅡと評価したものが最も多いが、極度の心理的負荷があったと評価したもの、強度をⅢに修正したものも少なくない。

評価表の在り方全体についての検討は、今後、専門検討会で行われることとなるが、本分科会の意見として、これらの状況を踏まえ、「セクシュアルハラスメントを受けた」という出来事の平均的強度はⅡとした上で、Ⅲに修正する要素（行為の態様やその反復継続の程度等）を具体的に示すことが適当と考える。

なお、これまでの「ストレス評価に関する調査研究」は、調査対象者に男性及び正規社員が多いことから、今後、セクシュアルハラスメントを受けやすい女性労働者、非正規労働者の経験が反映できるような調査の仕組みを検討していくべきであるとの指摘があった。また、実際に個別の労災請求事案について心理的負荷の強度を評価するに当たっては、被害者及びセクシュアルハラスメントの行為者とされる者（以下「行為者」という。）の雇用形態等の事情をも評価に際して考慮すべきである（(４) エ参照)。

イ　特に心理的負荷が強いセクシュアルハラスメントの取扱い

過去の労災請求事案では、アで検討した心理的負荷の強度をⅢに修正すべきもののほかに、強姦や、本人の意思を抑圧して行われたわいせつ行為など、特に心理的負荷が強いといえる出来事も認められる。

このようなセクシュアルハラスメントについては、その出来事だけで心理的負荷の強度を「強」と判断できる、現行の「特別な出来事等」に該当することを明確に定めることが適当である。

なお、「本人の意思を抑圧して行われたわいせつ行為」には、被害者が抵抗したにもかかわらず強制的にわいせつ行為がなされた場合はもとより、被害者が抵抗しなかった（できなかった）場合であっても、行為者が優越的立場を利用するなどして、物理的・精神的な手段によって被害者の意思を抑圧してわいせつ行為が行われた場合が含まれることに留意すべきである。

ウ　繰り返されるセクシュアルハラスメントの評価

セクシュアルハラスメント事案は、その大半が当該出来事が反復継続して行われるものである。

行為が反復継続することは、心理的負荷を強める要素と考えられ、セクシュアルハラスメントが繰り返し行われている事案の中には、単発の出来事としては強い心理的負荷とはいえないが、これが一定期間反復継続することで強い心理的負荷と評価できるものがある。

このような事案を適切に評価するためには、行為の内容やその反復継続の程度を組み合わせて一体的にとらえ、全体としてその心理的負荷を評価すること、また、その中で、強い心理的負荷といえるものを、具体的に例示することが適当である。

エ　出来事後の状況としての申立て等の評価

過去の労災請求事案では、被害者が、会社に対してセクシュアルハラスメント被害の事実やその改善を申し立てた場合と、申し立てることができなかった場合の双方がある。また、被害者が申し立てた場合に、会社側が適切な対応をした事案、対応が適切でなかった事案、何ら対応をしなかった事案がそれぞれみられる。

このような事案について、被害者が、会社に対してセクシュアルハラスメント被害の事実やその改善を申し立てた場合に、職場の人間関係が悪化した事実や、会社が何ら対応しなかった事実は、心理的負荷を強める要素として明示することが適当である。また、被害者からの申立てがなかったとしても、会社がセクシュアルハラスメント被害を把握しているにもかかわらず会社が何ら対応しなかった事実は、心理的負荷を強める要素となりうると考えられる。

一方、被害者がセクシュアルハラスメントの被害を申し立てなかったとしても、その事実は必ずしも心理的負荷の強度の判断に影響を与えないものと考えられるし、被害の申し立てに対し、会社が発症前に適切な対応を行った場合でも、セクシュアルハラスメントの態様によっては、心理的負荷が弱まることがない場合もあることに留意すべきである。

オ　具体的な修正等の例

（ア）特別な出来事等

上記イを踏まえ、次のような事例については、その出来事だけで心理的負荷の強度を「強」と判断できる、「特別な出来事等」に該当することを定めることが適当である。

> ○心理的負荷が極度に該当するもの（特別な出来事等）の例
> ・強姦や、本人の意思を抑圧して行われたわいせつ行為などのセクシュアルハラスメント

（イ）強度の修正の例

上記ア、ウ及びエを踏まえ、次のような事例については、行為の態様や反復継続の程度等を要素として、心理的負荷の強度をⅢ（強い心理的負荷）に修正することが適当である。

> ○Ⅲ（強い心理的負荷）に修正するものの例
> ・胸や腰等への身体接触を含むセクシュアルハラスメントであって、継続して行われた事案
> ・胸や腰等への身体接触を含むセクシュアルハラスメントであって、行為は継続していないが、会社に相談しても適切な対応がなく、改善されなかった又は会社への相談等の後に職場の人間関係が悪化した事案
> ・身体接触のない性的な発言のみのセクシュアルハラスメントであって、発言の中に人格を否定するようなものを含み、かつ継続してなされた事案
> ・身体接触のない性的な発言のみのセクシュアルハラスメントであって、性的な発言が継続してなされ、かつ会社がセクシュアルハラスメントがあると把握していても適切な対応がなく、改善がなされなかった事案

逆に、次のような事例については、行為の態様等を要素として、心理的負荷の強度をⅠ（弱い心理的負荷）に修正することが適当である。

○Ⅰ（弱い心理的負荷）に修正するものの例
・「○○ちゃん」等のセクシュアルハラスメントに当たる発言をされた事案
・職場内に水着姿の女性のポスター等を掲示された事案

なお、一般的には平均的心理的負荷の強度を修正しないものの例としては、次のようなものが考えられる。ただし、これらの事例にあっても、セクシュアルハラスメントの深刻さ等によっては、Ⅲ（強い心理的負荷）に修正すべき場合があることに留意すべきである。

○修正しないもの（平均的な強度が当てはまるもの）の例
・胸や腰等への身体接触を含むセクシュアルハラスメントであっても、行為が継続しておらず、会社が適切かつ迅速に対応し発病前に解決し た事案
・身体接触のない性的な発言のみのセクシュアルハラスメントであって、発言が継続していない事案
・身体接触のない性的な発言のみのセクシュアルハラスメントであって、複数回行われたものの、会社が適切かつ迅速に対応し発病前にそれが終了した事案

（２）評価期間に関する事情

判断指針では、セクシュアルハラスメントに限らず、心理的負荷の評価の対象となる職場における出来事は、対象疾病の「発病前おおむね６か月」以内に発生したものとしている。

評価期間を対象疾病の「発病前おおむね６か月」とすることについては、過去の労災請求事案の中には、６か月以上前にセクシュアルハラスメントがあって発病直前の６か月には当該行為がないものはなかったことからも、これを維持することが適当である。

一方、前記（１）のウでも述べたとおり、セクシュアルハラスメントについては、当該行為が反復継続しつつ長期間にわたって行われるという事情があり、過去の労災請求事案でも、発病の６か月よりも前に開始され、発病前６か月以内の期間まで継続している事案が多くみ

られることから、そのような事情について考慮する必要がある。

具体的には、発病の6か月よりも前に開始され、発病前6か月以内の期間にも継続しているセクシュアルハラスメントについては、評価期間の関係について、開始時から発病時までの行為を、一体の出来事として評価することが適当である。過去の労災請求事案でも反復継続するセクシュアルハラスメント行為を一体的に評価した事例が多い。

（注）評価期間に関連して、例えば、強姦等のセクシュアルハラスメントを受けて、その直後に無感覚、情動鈍化、健忘など、心的まひや解離等に関連する重度ストレスによる心理的反応が生じた事案では、医療機関への受診時期が当該出来事から6か月よりも後になる場合もあることに留意すべきである。ただ、これは、評価期間の問題というよりも発病時期の判断の問題であって、このような場合には、当該解離性の反応が生じた時期を発病と判断して、当該セクシュアルハラスメントを評価の対象とすべきであり、発病時期の判断についてもこういった特有の事情があることを示しておくべきである。

なお、遅発性の重度ストレス反応については、今後の検討課題であるとの意見もあったが、合意に至らなかった。

（3）併発する出来事に関する事情

セクシュアルハラスメント事案については、セクシュアルハラスメントを受けたという出来事に、行為者からの嫌がらせ等の別の出来事が同時又は近接して生じることが少なくない。

特に、被害者が会社に対してセクシュアルハラスメント被害の事実やその改善を申し立てたことを契機として、行為者や同僚からいじめや嫌がらせを受けたりすることは、しばしばみられる事例である。

このように「セクシュアルハラスメントを受けた」という出来事に伴いいじめや嫌がらせ等の出来事が生じている場合は、出来事の心理的負荷の強度を、より強いものに修正できることを示すべきである。

（4）その他心理的負荷の評価に当たり留意すべき事項

セクシュアルハラスメント事案の心理的負荷の強度を評価するに当たり、上記（1）から（3）までのほか、次の事項への留意が必要であることを示すべきである。

ア　被害者は、勤務を継続したいとか、行為者からのセクシュアルハラスメントの被害をできるだけ軽くしたいとの心理などから、やむを得ず行為者に迎合するようなメール等を送ることや、行為者の誘いを受け入れることがある。このため、これらの事実から

被害者の同意があったと安易に判断するべきではないこと。

イ　被害者は、被害を受けてからすぐに相談行動をとらないことが多いが、この事実から単純に心理的負荷が弱いと判断すべきではないこと。

ウ　被害者は、医療機関でもセクシュアルハラスメントを受けたということをすぐに話せないことが多いが、初診時にセクシュアルハラスメントの事実を申し立てていないことのみをもって心理的負荷が弱いと判断すべきではないこと。

エ　行為者が上司であり被害者が部下である場合、行為者が正規職員であり被害者が非正規労働者である場合等、行為者が雇用関係上被害者に対して優越的な立場にある事実は心理的負荷を強める要素となりうること。

（5）評価表での位置づけ

「セクシュアルハラスメントを受けた」という出来事は、現行の評価表では、「対人関係のトラブル」という出来事の類型に分類されている。

しかしながら、セクシュアルハラスメントは、一方的な被害であるものが一般的であることから、「対人関係のトラブル」という分類から想定される、対人関係の相互性の中で生じるものに限らないという事情を考慮して、独立した項目とすることも検討すべきである。

また、今後、「セクシュアルハラスメントを受けた」という出来事をさらに細分化・類型化し、各類型ごとの平均的な心理的負荷の強度を例示することも検討すべきとの意見があった。

3　運用について

（1）相談・請求段階での対応

セクシュアルハラスメント行為の詳細は、被害者が他人に知られたくない場合が大半である。このため、精神障害を発病した被害者であっても、労災請求やその相談を控える場合があり、そのような事態を解消していくよう、次のような対応が望まれる。

・被害者が適切に労災請求できるよう、わかりやすいパンフレットを作成し、これを労働基準監督署に置くだけでなく、地方自治体の相談窓口、医療機関、関係団体等にも配布する等、被害者が入手しやすい方法を検討すること

・窓口での相談の際には、被害者の心情を十分に考慮して懇切・丁

寧に対応し、相談段階において業務上認定が困難として請求を断念させるようなことがないよう留意すること

・労災請求に当たり、チェックリスト方式など簡略に記載できるような申立書例を検討すること

・被害者からの聴取に当たっては、職員に対する研修を充実させるとともに、専門的知識を有する者を育成・配置すること

（2）調査に当たっての留意事項

ア　効率的な調査の実施

調査に当たって、前記２の（１）のオに掲げられた例示に該当すると見込まれる場合には、主としてそれらの例示に該当する事実があるか否かを確認する調査を実施し、できる限り調査の迅速化、被害者の負担の軽減等を図るよう努めること。

イ　関係者からの聴取

セクシュアルハラスメント行為の詳細は他人に知られたくない場合が大半であることや、被害者が被害の事実を想起することによって精神障害が悪化する場合があることを考慮し、労働基準監督署での調査のうち、特に、被害者や行為者、事業主、同僚等の関係者からの聴取に当たっては、次のような事項に留意する必要がある。

・被害者、行為者等のプライバシー保護に関すること

行為者、同僚等の関係者からの聴取を行う場合には、被害者及び行為者双方のプライバシーに特に配慮すること。

・聴取の順序に関すること

聴取の順序については、事実を的確に把握するため、原則として、最初に被害者からの聴取を行い、その供述の内容を基本として、他の関係者からの聴取を行うこと。

・聴取時間、聴取側の人数、担当者の性別に関すること

精神障害を発病した被害者に対する長時間に及ぶ聴取や、多人数で行う聴取が、被害者の症状の悪化を招く場合がある。このため、主治医の意見も参考にして、短時間の聴取や複数回に分割しての聴取を行うことや、聴取を行う職員が必要以上に多人数とならないようにすることについて配慮すること。

また、女性の被害者からの聴取は、できる限り女性の職員が

実施又は同席するよう配慮し、男性の職員が聴取する場合には、事前に被害者にその旨を説明すること。

・聴取の内容等に関すること

聴取の内容や方法によっては被害者が責めたてられているような心理状況に陥り、症状の悪化を招く場合がある。

このため、認定に必要な事項以外の聴取や、必要以上に詳細な内容の聴取を行わないよう、また、繰り返しの聴取にならないよう考慮すること。

例えば、個体側要因については、被害者の過去の性暴力被害、妊娠経験等は判断要素とならず、成育歴、職歴についても、社会適応状況の確認に必要な程度を超えないよう留意すること。

ウ　当事者にしか事実関係が明らかでない場合の調査

セクシュアルハラスメント事案は、その事実関係を当事者のみが知る場合も少なくなく、さらに事実関係を客観的に示す証拠がない等の事情により、行為者や一部の関係者がセクシュアルハラスメントの事実を否認するものも多くみられる。事実関係が客観的に明らかでなく、当事者の主張に大きな相違がある事案の事実関係の把握は非常に困難を伴うものとなる。

このような場合、次のような手法が有効である場合があることに留意すべきである。

・被害者の供述のほか、当時の日記、メモ等を収集し、それらの資料に基づき関連する出来事を時系列に整理すること

・行為者及び被害者の主張を否定する関係者の聴取では、必要に応じ、具体的な情報を示しつつ、整合しない点の釈明を求めながら聴取を行うこと

エ　その他

今後、セクシュアルハラスメント事案に係る精神障害の労災認定の基準の見直しを行った場合には、その後、労災認定を担当する職員の研修を行うとともに、見直し後の基準が適切に運用されているかどうかについて、適時、事後評価を行うことが望ましいとの意見があった。

【資料3】

労災申請の流れ

●労災申請は大変な作業です。ユニオンや支援団体のスタッフ、家族など信頼できる人と一緒に手続きすることをおすすめします。

ステップ1　労基署へ行って申請書（請求書）をもらおう

（厚労省ホームページからダウンロードもできる）

●会社のある地域を管轄する労基署へ行きましょう

●労災保険の窓口で「精神障がいの労災認定の申請をしたい」と言いましょう

●事前に労基署に連絡を入れ、「セクハラで労災申請がしたい」「女性の職員に担当してもらいたい」と伝えてください。対応できない場合もありますが、少しでも安心して申請できるように必要な配慮を求めましょう

※セクハラ被害による精神的後遺症で外出が困難な場合でも、郵送で申請書を取り寄せることができます。その際には、返信用封筒を同封しましょう。また、申請書は厚生労働省のホームページからダウンロードができます。
https://www.mhlw.go.jp/bunya/roudoukijun/rousaihoken06/02.html

ステップ2　病院へ行って診断書を書いてもらおう

●「請求書」の病院が記入する欄に記入してもらいましょう

ステップ3　会社に記入してもらおう

●「請求書」の会社が記入する欄に記入してもらいましょう

●「書かない」と言われたら、書けない理由を書いてもらいましょう。それも書いてくれない場合は、あなたが「頼んだが書いてくれなかった」と書けばOKです

ステップ4　審査の書類を書こう

●自分一人で書くのがつらい場合は、誰かに手伝ってもらいましょう

●詳しく書くことが難しいときは、労基署の相談窓口に相談をしましょう

ステップ5　労基署へ提出しよう（郵送も可）

●セクハラ被害の状況やその後の職場・人間関係、病気の診断、現状など、事案の概略を説明しましょう

●労災申請後、労基署での聴き取りが行われます。

労基署で聞かれること

①セクハラの事実経過

②セクハラのあとの状況（パワハラはなかったか、会社に相談した場合の対応はどうだったか、職場の人間関係の悪化はないか、など）

③会社の対応（相談窓口の有無、相談をした場合はその後の変化など）

④セクハラによる心身の症状など

参考：全国女性シェルターネット「働く女性のためのセクハラ労災ハンドブック」

【資料4】

「業務による強い心理的負荷」が認められるかどうかの判断は?

発病前おおむね6か月の間に起きた業務による出来事について、心理的負荷の程度を「強」「中」「弱」の3段階で総合評価します。

	業務による出来事とその後の状況	心理的負荷の総合評価
	認定基準に示す「特別な出来事」がある場合	
特別な出来事	● 強姦や、本人の意思を抑圧して行われたわいせつ行為などのセクシュアルハラスメントを受けた	「強」
	認定基準に示す「特別な出来事」がない場合	
	「心理的負荷の総合評価の視点」※を考慮して心理的負荷の総合評価を行います。 **※「心理的負荷の総合評価の視点」** ・**セクシュアルハラスメントの内容、程度等や継続する状況** ・**セクシュアルハラスメントを受けた後の会社の対応および内容、改善の状況、職場の人間関係など**	
具体例	● 胸や腰などへの身体接触を含むセクシュアルハラスメントであって、 ① 継続して行われた場合 ② 行為は継続していないが、会社に相談しても適切な対応がなく、改善されなかった、または会社へ相談などをした後に職場の人間関係が悪化した場合 ● 身体接触のない性的な発言のみのセクシュアルハラスメントであって、 ① 発言の中に人格を否定するようなものを含み、かつ継続してなされた場合 ② 性的な発言が継続してなされ、かつ会社がセクシュアルハラスメントがあると把握していても適切な対応がなく、改善がなされなかった場合	「強」
具体例	● 胸や腰などへの身体接触を含むセクシュアルハラスメントであっても、行為が継続しておらず、会社が適切かつ迅速に対応し発病前に解決した場合 ● 身体接触のない性的な発言のみのセクシュアルハラスメントであって、 ① 発言が継続していない場合 ② 複数回行われたものの、会社が適切かつ迅速に対応し発病前にそれが終了した場合	「中」
具体例	●「○○ちゃん」などのセクシュアルハラスメントに当たる発言をされた場合 ● 職場内に水着姿の女性のポスターなどを掲示された場合	「弱」

◆具体的出来事の心理的負荷の強度が「中」または「弱」程度と評価される場合であっても、出来事の前後に恒常的な時間外労働(月100時間程度となる時間外労働)が認められる場合や、関連しない出来事(ここではセクシュアルハラスメント以外の出来事)が複数生じた場合などには、総合評価が「強」となることがあります。

参考:厚生労働省リーフレット「セクシュアルハラスメントが原因で精神障害を発病した場合は労災保険の対象になります」
https://www.mhlw.go.jp/file/06-Seisakujouhou-11200000-Roudoukijunkyoku/panphlet_3.pdf

【資料５】
主な相談先

労働組合

◆労働組合の全国組織

連合なんでも相談
0120-154-052
※お近くの地域の連合につながります。
※インターネット（メール）での労働相談も受け付けています。
https://www.jtuc-rengo.or.jp/soudan/tel_ichiran.html

全労連労働相談ホットライン
0120-378-060
※お近くの労働相談センターにつながります。
※インターネット（メール）での労働相談も受け付けています。
http://www.zenroren.gr.jp/jp/soudan/

◆女性のユニオンなど

パープル・ユニオン
☎ 090-8080-8685
月・水・金　14時～20時
東京都文京区本郷4-12-16-716

北海道ウイメンズ・ユニオン
☎ 011-221-2180
月～金　10時～17時
札幌市中央区南一条西5丁目8番地 愛生舘ビル508B
http://blog.goo.ne.jp/hokkaiwu

女のユニオン・にいがた
☎ 025-231-3188（FAX共用）
月　19時～21時
新潟市中央区関屋下川原町2-18
メール：fyunion@arrow.ocn.ne.jp

女性ユニオン東京
☎ 03-6907-2030
月・水　12時～14時／16時～19時
豊島区池袋本町4-6-3 メゾン孝203
https://www.w-union.org/

女のユニオン・かながわ
☎ 045-451-0740
月～金　14時～17時／18時～20時
土　14時～17時
横浜市神奈川区青木町2-1-613

女性ユニオン名古屋
☎ 090-9918-2110
火・木・土　17時～20時
名古屋市中村区名駅南2-11-43 日商ビル2F
メール：HP内の相談フォームから送信
http://wu-nagoya.net/

女性・地域ユニオンおかやま
☎ 086-225-2023
火・土　10時～17時
岡山市春日町5-6　岡山地区労内
http://d-mc.ne.jp/uni-oka/index.html

働く女性の相談先

働く女性の全国センター（ACW2）
0120-787-956
5、10、15、20、25、30日　18時～21時
（土・日・祝日の場合14時～17時）
※有料相談（1時間2000円）は電話予約（03-6803-0796）
東京都台東区東上野1-20-6 丸幸ビル3F
http://wwt.acw2.org/

働く女性の人権センターいこ☆る
☎ 06-6948-6300
月・木　12時～20時
大阪市北区天神橋2-5-3 第5新興ビル202号 i女性会議大阪内
http://icoru.ever.jp/

ワーキング・ウィメンズ・ヴォイス（福岡）
☎ 092-738-0646
日（第5を除く） 14時～17時
http://www.geocities.jp/wwvfukuoka/

日本労働弁護団・女性専用相談窓口
（必ず女性の弁護士が対応します）
☎ 03-3251-5364
第2・第4水 15時～17時
（第4水曜日は相談担当者の事務所に転送されます）
http://roudou-bengodan.org/sodan/sexual-harassment/

性暴力相談・支援

◆民間支援団体

NPO法人ハーティ仙台
☎ 022-274-1885
月・水・木・金 13時半～16時半
火（第5を除く） 18時半～21時
https://www.hearty-sendai.com/

東京・強姦救援センター
☎ 03-3207-3692
第1・第3・第5水 18時～21時
土 15時～18時
http://www.tokyo-rcc.org/center-hp-home.htm

NPO法人女性ネットSaya-Saya
☎ 03-6807-8442、03-6807-8443
月 18時半～20時半
金 13時半～15時半
木 14時～16時（☎ 03-6807-8443のみ）
https://saya-saya.net/

特定非営利活動法人ぱっぷす
（ポルノ被害と性暴力を考える会）
☎ 050-3177-5432
24時間365日
LINE：paps24
https://www.paps.jp/

NPO法人人身取引被害者サポートセンター ライトハウス
（買春や性風俗産業でのトラブルの相談窓口です）
フリーダイヤル 0120-879-871
月～金 10時～19時
LINE：LH214
https://lhj.jp/

性暴力を許さない女の会
☎ 06-6322-2313
火 19時～21時
https://no-seiboryoku.jimdo.com/

強姦救援センター・沖縄（レイコ）
☎ 098-890-6110
水 19時～22時
土 15時～18時
https://reico.okinawa/

女子高生サポートセンターColabo
相談は、インターネットのフォームより
https://colabo-official.net/

特定非営利活動法人
BONDプロジェクト
☎ 070-6648-8318
火・木・日 16時～19時
LINE：bondproject
http://bondproject.jp/index.html

よりそいホットライン
フリーダイヤル 0120-279-338
フリーダイヤル 0120-279-226（岩手県、宮城県、福島県）
24時間対応
http://279338.jp/yorisoi/

国や自治体の機関

◆都道府県労働局
雇用環境・均等部（室）所在地一覧
（平成30年８月１日時点）

※職場のセクハラ被害の相談先。47都道府県労働局雇用環境・均等部（室）の所在地・連絡先の一覧表です。
https://www.mhlw.go.jp/content/11900000/000375568.pdf

◆行政が関与する性犯罪・性暴力被害者のためのワンストップ支援センター（2018年10月2日現在）

性暴力被害者支援センター北海道「SACRACH（さくらこ）」
☎ 050-3786-0799
月～金　13時～20時
（祝日、年末年始を除く）

あおもり性暴力被害者支援センター「りんごの花ホットライン」
☎ 017-777-8349
月･水　10時～21時
火･木･金　10時～17時
（祝日、年末年始除く）

はまなすサポート
☎ 019-601-3026
月～金　10時～17時
（祝日、年末年始を除く）

性暴力被害相談支援センター宮城
フリーダイヤル 0120-556-460（宮城県内専用）
月～金　10時～20時
土　10時～16時
（祝日、年末年始を除く）

あきた性暴力被害者サポートセンター「ほっとハートあきた」
☎ 0800-8006-410
月～金　10時～19時
（祝日、年末年始を除く）

やまがた性暴力被害者サポートセンター「べにサポ やまがた」
☎ 023-665-0500
月～金　10時～21時
（祝日、年末年始を除く）

性暴力等被害救援協力機関SACRAふくしま
☎ 024-533-3940
月･水･金　10時～20時
火･木　10時～16時
（祝日、年末年始を除く）

性暴力被害者サポートネットワーク茨城
☎ 029-350-2001
月～金　10時～16時
（祝日、年末年始を除く）

とちぎ性暴力被害者サポートセンター「とちエール」
☎ 028-678-8200
月～金　9時～17時半
土　9時～12時半
緊急医療受付は22時まで
（祝日、年末年始を除く）

群馬県性暴力被害者サポートセンター「Saveぐんま」
☎ 027-329-6125
月～金　9時～16時
（祝日、年末年始を除く）

彩の国　犯罪被害者ワンストップ支援センター（性暴力等犯罪被害専用相談電話アイリスホットライン）
☎ 048-839-8341
月～金　8時半～21時
土　13時～17時
（祝日、年末年始を除く）

NPO法人千葉性暴力被害支援センター「ちさと」
☎ 043-251-8500
月～金　9時～21時
土　9時～17時
被害直後の緊急支援は24時間365日対応

公益社団法人千葉犯罪被害者ワンストップ支援センター
☎ 043-222-9977
月～金　10時～16時（祝日を除く）

東京都性犯罪・性暴力被害者ワンストップ支援センター「性暴力支援ダイヤルNaNa」（民間支援団体〈SARC東京〉）
☎ 03-5607-0799
24時間365日

かながわ性犯罪・性暴力被害者ワンストップ支援センター「かならいん」
☎ 045-322-7379
24時間365日

性暴力被害者支援センターにいがた
☎ 025-281-1020
火～木　10時～16時
金　10時～月　16時（連続対応）
祝日　10時～翌日10時（年末年始を除く）

性暴力被害ワンストップ支援センターとやま
☎ 076-471-7879
24時間365日

いしかわ性暴力被害者支援センター「パープルサポートいしかわ」
☎ 076-223-8955
月～金　8時半～17時15分
（祝日、年末年始を除く）
緊急医療支援は24時間365日対応

性暴力救援センター・ふくい「ひなぎく」
☎ 0776-28-8505
24時間365日

やまなし性暴力被害者サポートセンター「かいさぽ　ももこ」
☎ 055-222-5562
月～金　10時～16時
（祝日、年末年始を除く）
メール：HP内の相談フォームから送信

長野県性暴力被害者支援センター「りんどうハートながの」
☎ 026-235-7123
24時間365日
メール：rindou-heart@pref.nagano.lg.jp

ぎふ性暴力被害者支援センター
☎ 058-215-8349
24時間365日
メール：HP内の相談フォームから送信

静岡県性暴力被害者支援センター「SORA（そら）」
☎ 054-255-8710
24時間365日

ハートフルステーション・あいち
☎ 0570-064-810（愛知県内からのみ）
月～土　9時～20時
（祝日、年末年始を除く）

みえ性暴力被害者支援センター「よりこ」
☎ 059-253-4115
月～金　10時～16時
（祝日、年末年始を除く）
メール：yorico@tenor.ocn.ne.jp

性暴力被害者総合ケアワンストップびわ湖「SATOCO（さとこ）」
☎ 090-2599-3105
24時間365日
メール：satoco3105biwako@gmail.com

京都性暴力被害者ワンストップ相談支援センター「京都SARA（サラ）」
☎ 075-222-7711
年中無休 10時～22時

性暴力救援センター・大阪
「SACHICO」
☎ 072-330-0799
24時間365日

ひょうご性被害ケアセンター
「よりそい」
☎ 078-367-7874
月～水、金・土　10時～16時
（祝日、年末年始、8/12～8/16を除く）

奈良県性暴力被害者サポートセンター
「NARAハート」
☎ 0742-81-3118
火～土　9時半～17時半
（祝日・年末年始・月曜日が祝日と重なるときはその翌日、を除く）

性暴力救援センター和歌山
「わかやまmine（マイン）」
☎ 073-444-0099
9時～22時
（受付は21時半まで、年末年始を除く）

性暴力被害者支援センターとっとり
FREE 0120-946-328（鳥取県内専用）
☎ 0857-26-7187（県外から通話可能）
月・水・金　11時～13時、18時～20時
（年末年始を除く）

性暴力被害者支援センターたんぽぽ
☎ 0852-25-3010
月～金　8時半～17時15分
（祝日、年末年始を除く）

被害者サポートセンターおかやま
（性犯罪被害者等支援センターおかやま）
☎ 086-206-7511
月～土　10時～16時
（祝日、年末年始を除く）

性被害ワンストップセンターひろしま
☎ 082-298-7878
24時間365日

やまぐち性暴力相談ダイヤル
「あさがお」
☎ 083-902-0889
24時間365日

性暴力被害者支援センター「よりそいの樹とくしま（中央・南部・西部）」
共通相談ダイヤル　☎ 0570-003889
中央　☎ 088-623-5111
南部　☎ 0884-23-5111
西部　☎ 0883-52-5111
24時間365日

性暴力被害者支援センター
「オリーブかがわ」
☎ 087-802-5566
月～金　9時～20時
土　9時～16時
（祝日、年末年始を除く）

えひめ性暴力被害者支援センター
☎ 089-909-8851
24時間365日

性暴力被害者サポートセンターこうち
☎ 080-9833-3500
月～土　10時～16時
（祝日、年末年始を除く）

性暴力被害者支援センター・ふくおか
☎ 092-762-0799
24時間365日

性暴力救援センター・さが
「さがmirai」
☎ 0952-26-1750（さがmirai）
月～金　9時～17時
☎ 0952-26-0018（アバンセ）
火～土　9時～21時
日・祝日　9時～16時半

性暴力被害者支援「サポートながさき」
（公益社団法人長崎犯罪被害者支援センター）
☎ 095-895-8856
月～金　9時半～17時
（祝日、年末年始を除く）

性暴力被害者のためのサポートセンター「ゆあさいどくまもと」
☎ 096-386-5555
毎日24時間
（12/28　22時～1/4　10時を除く）
メール：support@yourside-kumamoto.jp

おおいた性暴力救援センター
「すみれ」
☎ 097-532-0330
月～金　9時～20時
（祝日、年末年始を除く）

性暴力被害者支援センター
「さぽーとねっと宮崎」
☎ 0985-38-8300
月～金　10時～16時
（祝日、年末年始を除く）

性暴力被害者サポートネットワークかごしま「FLOWER（フラワー）」
☎ 099-239-8787
火～土　10時～16時
（祝日、年末年始を除く）
メール：HP内の相談フォームから送信

沖縄県性暴力被害者ワンストップ支援センター
☎ #7001
月～土　9時～17時
（祝日、年末年始を除く）

◆その他の相談先情報

都道府県・市区町村の男女共同参画・女性のための総合的な施設（女性センター）
※男女共同参画関係機関の情報・相談窓口一覧です。
http://www.gender.go.jp/public/pamphlet_leaflet/kujoshori/pdf/02-5.pdf

警察相談専用電話
（生活の安全に関する相談）
☎ #9110
月～金　8時半～17時15分
（各都道府県警察本部で異なる）

性犯罪被害相談電話全国共通番号
☎ #8103《はーとさん》
※各都道府県警察の性犯罪被害相談電話窓口につながります。

警察庁のインターネット
安心・安全相談
※インターネット上のトラブル解決を支援します。
https://www.npa.go.jp/cybersafety/

セクハラによる労災請求の相談窓口

◆都道府県労働局（労働基準監督署）所在地一覧

※都道府県別労働局一覧表から、もよりの労働基準監督署の所在地・連絡先にリンクしています。
https://www.mhlw.go.jp/kouseiroudoushou/shozaiannai/roudoukyoku/index.html